Pour Jeanne
en souvenir
de l'Indo-
chine !
Bonne
lecture !
Camille.

Illustration : Camille Ledigarcher
Texte et mise en page : Alexandre Ilic

Les voyages de Van

Ce carnet de voyage retrace la véritable histoire de la vie de Marcel Van.

Amis de Van Éditions

CHEZ LE MEME EDITEUR :

- Œuvres complètes de Marcel Van :

Tome 1, Autobiographie, 2000, 2005, 2014, 456p.

Tome 2, Colloques, 2001, 2006, 2014, 472p.

Tome 3, Correspondances, 2006, 2014, 576p.

Tome 4, Autres Écrits, 2014, 368p.

Edition anglaise : Gracewing / Édition allemande : le Parvis

- ***Quel est ton secret, petit Van ?***, dir éditoriale par A.de Blaÿ, 2000, 2014, 336p.
Travaux collectifs de théologiens internationaux sur les Écrits de Marcel Van, fils spirituel de saint Alphonse de Liguori et petit frère spirituel de sainte Thérèse de Lisieux.

- ***Petite histoire de Van,*** Père Antonio Boucher, C.Ss.R., 2001, 2006, 2014, 80p.
Traduit en : Anglais, allemand, espagnol, portugais, italien, russe, japonais, coréen, arabe.

- ***Le Combat de l'Amour,*** Manga, Alexandre Ilic, Catherine Bouvier, 2014, 192p.
Traduit en anglais par Julia Campbell.

Texte et mise en page : Alexandre Ilic
Illustration : Camille Ledigarcher

2014, AMIS DE VAN EDITIONS
15, Rue de l'Orangerie
78000 Versailles
editions@amisdevan.org
site : http://www.amisdevan.org

ISBN : 979 10 93096 315

- Collection « Une mission extraordinaire » :

1- ***La grâce d'une mère admirable***, Georgette Blaquière.

2- ***Un saint de poche***, Renée de Tryon-Montalembert.

3- ***Ô Marie, tu es ma véritable mère***, Père Eric de Kermadec.

4- ***Van, un fils de Saint Alphonse***, Père Joseph Lê Phung, C.Ss.R. et Père Dominique Joly, C.Ss.R.

5- ***Van, petit frère spirituel de Thérèse***, Père Pierre Descouvemont et Monseigneur Guy Gaucher.

6- ***Un novice à l'école de l'Amour***, Père Olivier de Roulhac, O.S.B.

7- ***Van et la relation sponsale à Jésus***, Père Francis Frost.

8- ***« Mon âme est mère »,*** Père Jules Mimeault, C.Ss.R.

9- ***L'âme sacerdotale,*** Père Jean-Christophe Thibaut.

10- ***Van s'efface pour laisser parler Dieu***, Père Antoine Birot.

11- ***Les missions de Van***, Père Olivier de Roulhac, O.S.B.

12- ***Les armes de Van dans les combats de la vie***, Père Dominique-Savio, M.A.J.

13- ***Le mystère de la souffrance chez Van***, Père Olivier de Roulhac, O.S.B.

14- ***Van, en route vers la sainteté à travers les blessures de la vie***, Bernadette Lemoine.

15- ***Van, un veilleur dans l'amour,*** Père Olivier de Roulhac, O.S.B.

16- ***Avec Marcel Van, redécouvrons la filiation,*** Père Jules Mimeault, C.Ss.R.

17- ***Van, enraciné dans la foi et dans l'amour***, Père Louis Pelletier.

18- ***La famille asiatique dépassée ou prophétique ?***, Elizabeth Nguyên.

19- ***Van : un enfant devenu prophète de la vie***, Père Dominique Joly, C.Ss.R.

20- ***Thérèse et Van- souffrance et joie : le paradoxe de l'amour***, Père Louis Menvielle.

21- ***L'enfance sauvera le monde - Témoignage de Marcel Van et de Georges Bernanos***, Père Gilles Berceville, o.p.

22- ***Le salut des enfants non baptisés***, Laurent Aventin.

AUTRES EDITIONS :

- ***Marcel Van ou l'infinie pauvreté de l'Amour,*** Père Gilles Berceville, o.p., Éditions de l'Emmanuel/Amis de Van, 2009, 200p.

- ***Tu as du prix à mes yeux***, Colloque présenté par le Père Gilles Berceville, o.p., Éditions de l'Emmanuel/Amis de Van, 2010, 240p.

- ***Prier 15 jours***, Père Jean-Philippe Auger, C.Ss.R., Éditions Nouvelle Cité, 2012, 128p.

- ***Une pensée par jour,*** Textes recueillis par Sophie Hudault, Médiaspaul, 2012, 112p.

- ***Van, dis-nous en qui tu crois***, Bénédicte Delélis, Anne-Sophie Rahm, Eric Puybaret, MAME- Graine de Saints, 2013, 48p.

- ***Autobiographie du petit frère de Thérèse de Lisieux*** en audio-livre, lue par Peggy de Leray, Saint-Léger Productions, 2014.

Sommaire

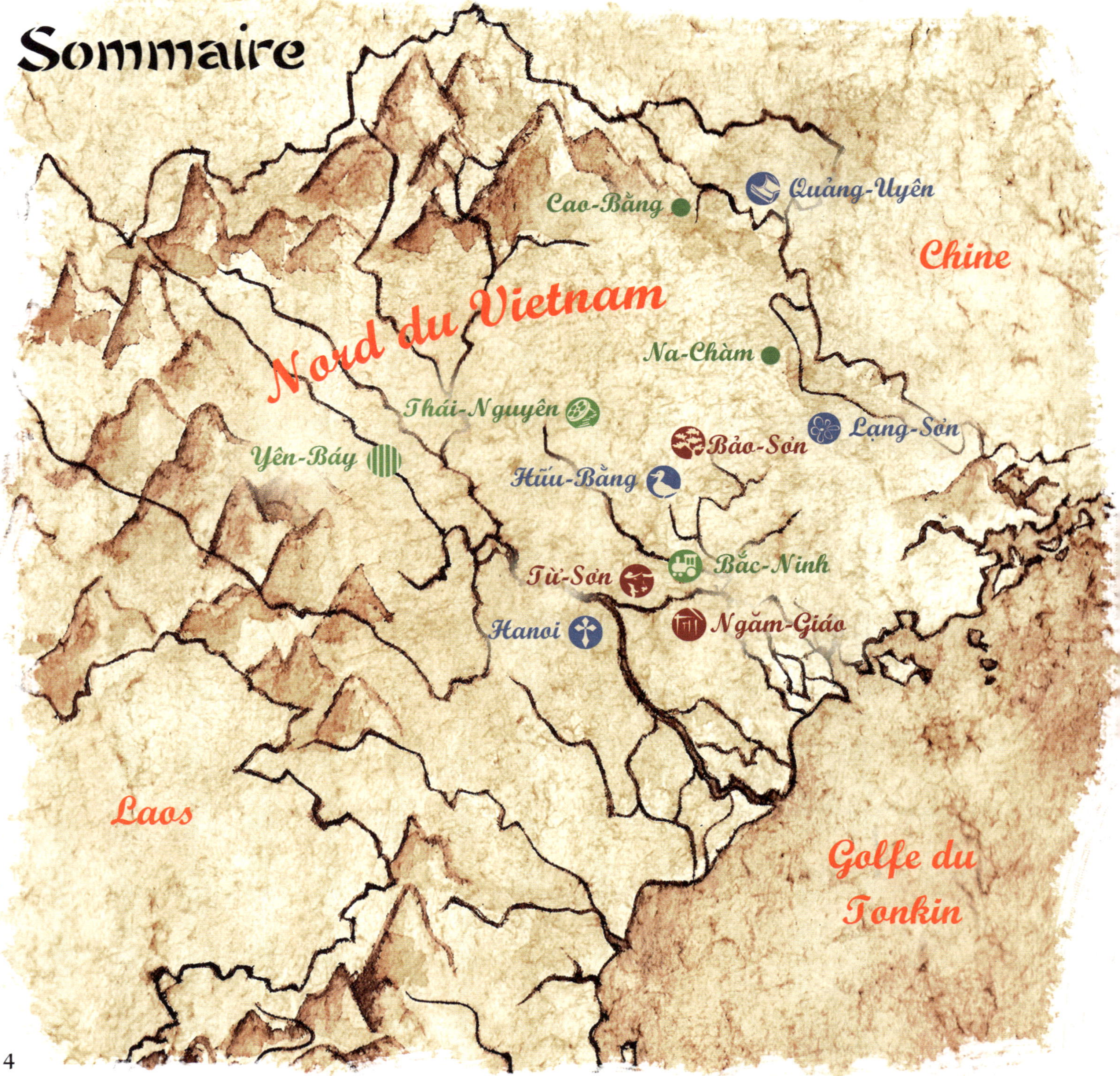

Cao-Bằng
Quảng-Uyên
Chine
Nord du Vietnam
Na-Chàm
Thái-Nguyên
Yên-Báy
Bảo-Sơn
Lạng-Sơn
Hữu-Bằng
Từ-Sơn
Bắc-Ninh
Hanoi
Ngăm-Giáo
Laos
Golfe du Tonkin

Chapitres :

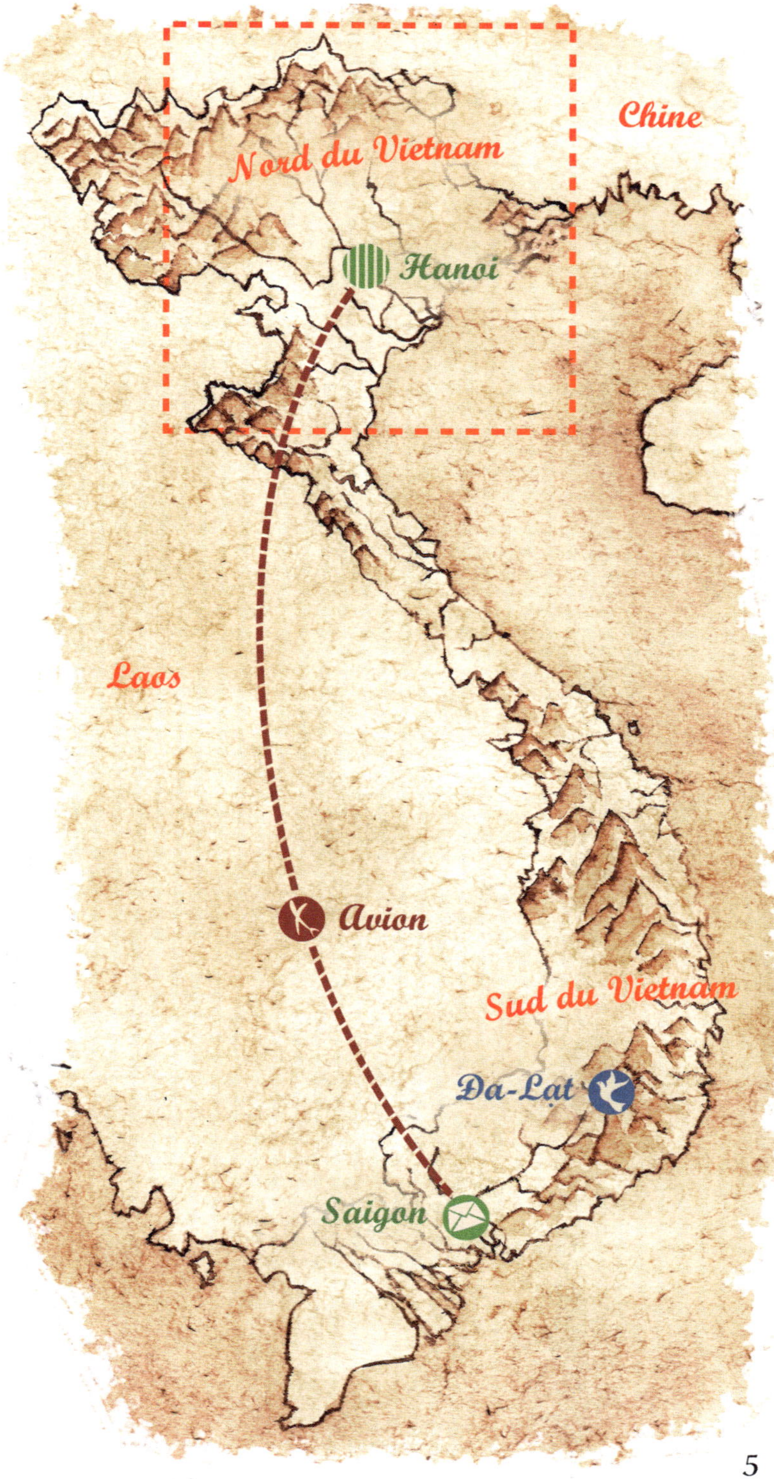

Chine
Nord du Vietnam
Hanoi
Laos
Avion
Sud du Vietnam
Đa-Lạt
Saigon

Village de Ngăm-Giáo

C'est dans le village de Ngăm-Giáo que je suis né le 15 mars 1928. Mon village se situe dans le nord du Vietnam, dans la province de Bắc-Ninh. C'est là-bas que j'ai passé mon enfance auprès de ma famille, et que j'ai vécu les jours les plus heureux de ma vie. Je l'ignorais à l'époque, mais ce temps de paix allait vite laisser place à de nombreuses souffrances.

Contexte historique

Van est né en 1928, et sa vie se termine en 1959. Il a vécu toute sa vie au Vietnam, alors que son pays était en plein bouleversement culturel, politique et religieux.

À la fin du 19e siècle, le monde occidental part à la découverte de tous les horizons du monde, et c'est alors que commence l'ère coloniale. De 1862 à 1883, la France s'installe au Vietnam, et en 1884, c'est la fin de l'indépendance du pays de Van. En 1885 débute la tutelle française sur le Vietnam.

Au Vietnam traditionnel succède une entité nouvelle, l'Indochine, ou plus exactement l'union indochinoise : Cambodge et Laos sont désormais associés aux Tonkin, Annam, et Cochinchine. Les pouvoirs d'autorité sont exercés par un gouvernement général résidant à Hanoi. De 1885 jusqu'aux années 1930, la France lance l'Indochine dans l'ère de la modernisation.

C'est dans ce monde en mouvement que la vie de Van débute, dans le petit village de Ngăm-Giáo.

Dans la modeste maison de ce village de campagne, mon père exerçait le métier de tailleur, et ma mère, en plus des soins de ménage, se livrait aussi à la culture de la rizière. Avec mes parents vivaient mon frère aîné, Joachim Liệt, ma grande sœur Anne Lê, et moi qui étais le troisième enfant.

J'aimais énormément ma mère, et rien n'était plus beau pour moi que de me trouver auprès d'elle. Si j'ai pu affirmer que ma mère était la personne à qui j'étais le plus attaché, j'ai aussi raison de dire que mon père est celui qui m'a le plus gâté.

En ce temps-là, le bonheur de la famille avait pour moi un charme si doux que, à part le désir du ciel, mon plus grand désir était de pouvoir vivre en paix au milieu de mes parents.

Je passais beaucoup de temps dehors à jouer avec Liệt et Lê. Nous étions des enfants joyeux et dynamiques !

J'aimais regarder mon frère fabriquer des animaux en terre. Et lorsque j'étais seul, je jouais avec mon pantin en bois, que j'avais nommé Jésus-Enfant, et sa petite voiture.

Village religieux

Les catholiques, moins du dixième de la population, sont pour beaucoup regroupés dans leur propre village, que domine un clocher. Dès 4h du matin, on réveille les habitants en les appelant tous à la messe. Beaucoup se retrouvent le soir à l'église pour une longue prière, où l'on récite à une cadence rapide le chapelet, les litanies, et le chemin de croix. Flanquée à l'église, la « maison de Dieu » abrite une communauté dirigée par le curé, regroupant des catéchistes, des enfants recueillis ou aspirant au sacerdoce, qu'assistent des religieuses ou des tertiaires dominicaines.

Ngăm-Giáo est l'un de ces villages catholiques, situé à 80 km au Nord-Est de Hanoi, dans le delta du fleuve rouge.

Notre maison à Ngăm-Giáo

Communion

La génération des parents de Van avait vu un décret romain, relayé par une abondante prédication « ultramontaine », bousculer les pratiques ancestrales de l'Église. Le 8 Août 1910, le pape Pie X avait permis aux enfants de communier dès qu'ils auraient atteint « l'âge où l'on commence à raisonner », « aux environs de sept ans ». Un quart de siècle auparavant, Thérèse Martin avait dû péniblement attendre sa douzième année.

Portait de mon père

Dès mon plus jeune âge, j'attendais avec impatience ma première communion, mais j'ai dû surpasser plusieurs obstacles avant de pouvoir participer à cette cérémonie. Pour commencer, tous pensaient que j'étais trop petit et que, par conséquent, il n'était pas sûr que je comprenne suffisamment ce qu'il fallait savoir pour recevoir dignement un si grand sacrement. Nous avons dû insister avec ma mère auprès de l'abbé Dominique Nghĩa, et c'est seulement après qu'il m'ait interrogé sommairement sur la messe et l'Eucharistie, qu'il accepta que je participe au cours de catéchisme.

Eglise de Ngăm-Giáo

Ma mère parlait souvent de moi de cette manière : « Van est un enfant bien étrange. Il aime la joie et l'espièglerie, mais il est très sensible, et un rien suffit pour le faire pleurer. »

Ces cours ont hélas été très difficiles pour moi à supporter. Je n'éprouvais aucun souci à apprendre le catéchisme, mais le problème provenait du catéchiste qui ne savait pas éduquer les enfants. Cet homme était fier et sévère, et ne faisait que hurler et battre les élèves de son rotin pour les intimider. Les pauvres petits récitaient les leçons par cœur, mais ne comprenaient que très peu aux choses essentielles. Je dois avouer que je n'ai quasiment rien appris à pareille école.

Cérémonie à l'église

Retable de l'église

J'ai dû endurer ces cours durant plusieurs mois, jusqu'à ce que finalement, le curé m'autorise à faire ma première communion. Contrairement au catéchiste, l'abbé était un homme simple, doux, et amical, et j'étais plus qu'heureux de pouvoir enfin communier.

Statue de Sainte Marie

Le jour de ma première communion est l'un des plus beaux souvenirs de mon enfance, j'avais alors 6 ans. Quelques mois plus tard, j'ai eu le bonheur d'être confirmé. C'est à partir de ce moment-là que j'ai compris que plus tard, je souhaitais devenir prêtre.

Village de la Tante Khánh

Ces moments joyeux auprès de ma famille n'ont pas duré très longtemps, et tout a basculé à la naissance de ma petite sœur Tế. Je l'ai aimée de tout mon cœur dès le moment où j'ai posé mes yeux sur elle, et je souhaitais passer le plus de temps possible à ses côtés. Mais j'étais tellement aveuglé par mon amour, que mon attitude trop possessive et turbulente envers elle était devenue un problème.

La situation devenait vraiment trop difficile à gérer pour ma mère, et elle décida à contre-coeur de se séparer de moi. J'ai alors été forcé de partir vivre avec ma tante Khánh, et quitter tous ceux que j'aimais et qui m'étaient si chers. J'ai vécu 2 ans avec ma tante et ses enfants, et c'est seulement tous les 3 mois que je pouvais rendre visite à ma famille, et rester auprès des miens pendant au plus une semaine.

Ma tante vivait dans un village non catholique, et beaucoup plus petit que Ngăm-Giáo. Ma tante était veuve, et sa famille était assez pauvre. Mais en dépit de cette situation, j'étais vraiment très aimé et choyé au sein de cette nouvelle famille.

Un rude paysan nous avait accompagnés lors du voyage pour me porter. Il avait posé sur son épaule une palanche avec deux paniers, l'un contenait du riz gluant, et l'autre était laissé vide pour m'y assoir.

En Vietnamien, « Văn » signifie « prière », et « Tế » signifie « offrande ».

Les enfants de ma tante étaient plus âgés que moi, et je devais donc trouver des moyens de m'amuser tout seul. Je partais souvent dans la forêt pour essayer d'imiter les saints ermites. Je ramassais du bois en priant à haute voix, ou encore je recueillais des pierres pour construire un temple à la Sainte Vierge.

Comme je n'étais pas capable de bâtir tout seul une cabane, je me contentais de m'abriter à l'ombre des arbres. Je fixais sur un tronc d'arbre une croix composée de deux pièces de bois, puis je m'agenouillais pour prier comme un ermite authentique. Bien que je fusse seul pour m'amuser, ce genre de jeu ne me lassait jamais !

J'aimais escalader les collines jusqu'aux pics les plus élevés, pour ainsi être plus proche du ciel pour prier.

À la saison des pluies, je me baladais en barque avec ma tante.

Village vietnamien

Le village donne au Vietnamien d'autrefois ses repères. Il y a d'abord la maison familiale. C'est une impolitesse de s'y désigner autrement que comme l'enfant, le neveu ou la nièce, le petit frère ou la petite sœur de ses aînés. Le cercle familial est par ailleurs bien plus ouvert que dans une société bourgeoise. On peut assez facilement être adopté et s'y retrouver accueilli définitivement, sur un pied d'égalité avec les autres membres du groupe, mais aussi soumis aux mêmes devoirs.

Tout se sait et se discute entre les membres de la famille. On s'y intéresse aux autres sans se sentir indiscret. Les cancans vont bon train, mais les épreuves sont aussi portées par tous. La communauté villageoise garde jalousement son autonomie. Elle est régie par ses notables, qui gèrent les conflits internes et les relations avec l'extérieur et les autorités supérieures.

Par delà la haie de bambous s'étalent à perte de vue les rizières. L'horizon n'appelle pas au voyage ces Vietnamiens « soudés à leur terre », mais plutôt à l'élévation poétique et spirituelle.

Le soir, j'écoutais mes cousins et cousines lire la vie des saints.

J'aimais passionnément cette lecture et je retenais tout dans les moindres détails, pour ensuite essayer de les imiter le lendemain avec mes jeux dans la forêt.

Ville de Bắc-Ninh

J'ai vécu chez ma tante durant 2 longues années, et je suis retourné vivre auprès de ma famille à l'âge de 6 ans. J'étais heureux de retrouver les miens, et c'est à ce moment-là que j'ai dû commencer à fréquenter l'école.

Hélas, ce fut pour moi une très mauvaise expérience. La méthode d'éducation était trop dure, et l'enseignant n'était qu'un cruel bourreau. Le maître avait pour habitude d'infliger des châtiments immoraux aux élèves. Chacun de nous était terrifié, et nous avions peur de lui comme on a peur du diable. Ce maître sans éducation était responsable du manque d'éducation de ses élèves.

Le maître possédait un rotin tressé en huit, avec du fil de fer enroulé au bout, dont il se servait pour châtier les élèves les plus insolents.

L'école était pour moi un tourment insupportable. Je vivais dans la peur, j'étais devenu paresseux, et j'avais du mal à manger et dormir. Je devenais de jour en jour plus maigre et plus pâle, et je suis tombé malade au bout de 2 mois d'école. Le médecin conseilla alors à ma mère de me retirer de l'école, et pour mon plus grand bonheur, c'est ce qu'elle fit.

Une fois libéré du supplice de devoir aller à l'école, ma mère me proposa de profiter de cette occasion pour m'emmener visiter la ville de Bắc-Ninh, et la cure de Hữu-Bằng. C'est vers la mi-mai 1935, que je suis parti pour ce voyage avec ma mère, et une de ses cousines.

L'Indochine des contestations

À partir des années 1930, des mouvements anti-coloniaux et nationalistes apparaissent, souhaitant combattre pour l'indépendance du Vietnam.

La crise de la colonisation était ouverte. En 1929, dans la région de Van, à Bắc-Ninh, le Parti national du Vietnam décidait l'insurrection générale. Quelques mois plus tard, à Yen Báy, des tirailleurs indigènes retournaient leurs fusils contre les officiers français qui les commandaient. Une répression implacable allait brider les mouvements révolutionnaires pour dix ans.

Le Parti Communiste Indochinois date aussi de cette époque. L'histoire du Vietnam est désormais liée à celle des pays modernes de l'Extrême-Orient, tout en restant attachée à la France.

Ce fut alors mon premier voyage en train, et je me suis montré très curieux. J'aurais voulu pouvoir aller m'asseoir avec le chauffeur dans la locomotive, pour comprendre quelle force mettait cette machine en mouvement pour lui donner une telle puissance.

J'avais aussi décidé, une fois de retour à la maison, de fabriquer une locomotive d'après ce modèle, afin de ne plus avoir à aller à pied !

Depuis mon enfance, c'était la première fois que je mettais les pieds dans une ville. Nous ne sommes restés qu'une journée à Bắc-Ninh, et je n'ai alors pas pu visiter tous les quartiers. Mais bien que Bắc-Ninh soit une petite ville, à ce moment-là tout me paraissait grand et extraordinaire. Dans les rues bruyantes, les gens circulaient continuellement comme aux jours de fête, surtout le soir.

Les vitrines des magasins étaient brillamment illuminées au moyen d'ampoules électriques de toutes couleurs et de toutes formes. C'était vraiment beau à voir ! Cependant, ma mère me mit en garde pour éviter que ces choses extérieures, belles et grandioses, ne séduisent mon cœur.

Dans le pousse-pousse qui nous ramenait à l'auberge, elle me serra dans ses bras pour m'expliquer que ces beautés fastueuses sont incapables de donner au cœur de l'homme un bonheur durable. Ces beautés matérielles peuvent au contraire lui rendre la vie plus amère, s'il ne porte pas plus haut ses désirs.

Dans mon village, nous n'avions pas l'électricité, et je me demandais donc comment fabriquer des ampoules électriques pour les apporter chez moi. J'ai sacrifié un repas pour essayer de trouver où les gens mettaient l'huile, pour finalement en venir à la conclusion qu'ils n'utilisaient pas d'huile pour ce genre d'ampoules...

Troupes japonaises

Le vieil empire chinois a sombré, et surgit alors le Japon militarisé qui s'apprête à exercer sa tutelle sur l'Extrême-Orient pour en chasser les pays occidentaux. En 1937 éclate la guerre sino-japonaise, et la Chine est presque totalement envahie. À la fin des années 30, les troupes japonaises atteignent les montagnes du Yunan, aux confins sino-indochinois.
L'histoire de Van chemine entre ces périodes instables et hostiles.

Je me demandais alors ce qui pouvait bien produire cette lumière, et je trouvais ça bien étrange et mystérieux !

Cure de Hữu-Bằng

Après notre visite à Bắc-Ninh, nous avons séjourné plus d'une semaine à la cure de Hữu-Bằng, où nous avons été traités avec beaucoup de chaleur et de cordialité. J'étais tellement heureux que je ne pensais même plus à ma maladie ni à mon retour à la maison.

Durant ces quelques jours, je n'ai pas pu me rendre clairement compte de la situation religieuse à la cure, car ma mère ne me laissait pas circuler partout. Quant à l'abbé Nhã, il me plaisait parfaitement ! Avec ses manières empreintes de douceur et de charité, il avait l'air d'un saint vivant. Il me considérait comme son enfant, et il me félicita d'être un garçon intelligent et vertueux. Il savait que je souhaitais rentrer en religion, et il prédit que je pourrais devenir un bon prêtre.

L'abbé Joseph Nhã avait autrefois enseigné à ma mère, puis était devenu curé de la paroisse de Hữu-Bằng. Au dire de ma mère, c'était un prêtre doux, bienveillant et très fervent.

Chrétiens

Durant ces temps difficiles, s'est développée une chrétienté desservie par ses prêtres que Van fréquente aussi bien dans sa paroisse natale que dans la « Maison-Dieu » de Hữu-Bằng. Cette institution créée au 17e siècle dans les territoires d'évangélisation, prépare comme en une sorte de « pré-petit-séminaire » les jeunes candidats au sacerdoce.
Cependant, les charges ecclésiastiques importantes, les séminaires et les universités de formation, restent en général confiés à des mains étrangères.

Cure de Hữu-Bằng

Ces jours joyeux passèrent avec une rapidité que je n'avais pas soupçonnée. C'est pourquoi, au moment du départ, j'annonçai à ma mère que je souhaitais rester à la cure pour étudier et devenir prêtre. Voyant ma détermination, ma mère n'a pas eu d'autres choix que d'accepter à contre-cœur de me laisser à la cure avec l'abbé Nhã.

Hữu-Bằng

Hữu-Bằng était une paroisse fondée depuis environ vingt ans et dont la faible population était entièrement catholique. Il fallait pourtant deux prêtres pour assurer tout le travail. Car, à la paroisse principale, il y avait encore quatre dessertes, avec des hameaux éparpillés ça et là, de sorte que malgré le petit nombre de chrétiens par rapport à la population totale de la région, tout cela représentait une tâche considérable. L'abbé Joseph Nhã en était alors le curé et l'abbé Năng le vicaire.

Portail de la cure

Ainsi je me suis séparé de ma mère et de ma famille à 7 ans, sans ressentir ni tristesse ni regret, car j'étais heureux de pouvoir enfin entrer en religion.

Ce n'est que plusieurs années plus tard que j'ai appris à quel point ma mère avait souffert à cause de cette séparation :

« Ce jour-là, quelle amertume me torturait le cœur en pensant à toi, mon enfant le plus cher. Tu étais l'ange de paix envoyé par Dieu pour être ma consolation au jour de tristesse. En me séparant de toi au prix de tant de chagrin et de douleur, je voulais offrir ces souffrances au ciel, pour qu'il t'aide à obtenir la force de persévérer jusqu'au bout de ta vocation. »

Mes premières semaines à la cure de Hữu-Bằng se sont écoulées dans une douceur indicible. Mes journées consistaient à servir la messe, et à étudier le catéchisme et les autres matières scolaires. Je trouvais ces études assez faciles, et je l'emportais sur tous. J'avais aussi gagné la confiance de mes camarades. Je leur parlais poliment et sincèrement, mais je savais aussi reprendre les insolents. J'aimais beaucoup consoler les faibles et ceux qui étaient atteints d'infirmités.

Mais ce temps de paix n'a pas duré. Le curé me montrait souvent en exemple lorsqu'il réprimandait les catéchistes tièdes et indolents, et ceux-ci ont commencé à nourrir contre moi une haine profonde. Ces catéchistes se sont alors ligués contre moi, me torturant physiquement et psychologiquement, jusqu'à ce que j'abandonne complètement la communion.

Lorsque le curé s'était absenté pour quelques jours, les catéchistes en ont profité et ont organisé un "tribunal" pour me "juger".

À partir de ce jour, ces catéchistes m'ont obligé, entre autre, à manger par terre avec le chien de la cure...

L'église de la cure était, tout comme moi, oubliée de tous et plongée dans l'obscurité...

Catéchistes cruels

Autrefois, au Tonkin comme en d'autres lieux, quitter le séminaire ou le couvent après quelques années de formation était une honte. Les jeunes hommes qui avaient été renvoyés par les supérieurs avaient grand-peine à se réinsérer au village et à y fonder une famille. Il leur restait dans le Nord du Vietnam un moyen de garder la soutane et le titre de thầy « maître », en s'engageant comme catéchiste dans une cure.

Ces catéchistes obtenaient alors un semblant de respectabilité, mais ils devaient s'engager à une vie confinée dans l'enclos paroissial, et à un célibat difficilement assumé. La sagesse enseignée par ces « maîtres » était douteuse, et leurs infractions au règlement ou à la morale étaient courantes. La ferveur spirituelle et le respect de l'Église leur étaient inconnus.

La candeur de Van, son catéchisme cru et appliqué à la lettre ébranlaient les habitudes de ces catéchistes, et démasquaient leur hypocrisie. C'est pour cette raison qu'ils ont décidé de tout mettre en œuvre pour supprimer les qualités de Van. L'un d'eux s'y employa donc, et de la plus cruelle manière : les humiliations, les menaces, les coups, et les tentatives de viol, étaient ses armes contre le petit Van.

Sans que le curé ne s'en rende compte, ce catéchiste, aidé d'autres collègues, parvint à convaincre Van de son indignité, et de lui faire abandonner la communion quotidienne.

Ces catéchistes ont fini par quitter la cure, et j'ai enfin été délivré de leur oppression. Mais le mal était fait, car voyant que je ne communiais plus depuis plusieurs mois, le curé perdit tout intérêt envers moi. J'avais alors 8 ans, et plus personne ne s'occupait de mon éducation. De plus, il était devenu clair pour moi que l'atmosphère de la cure était contaminée par l'impureté. Le curé ne s'opposait ni à l'alcool, ni aux jeux d'argent, et les jeunes filles étaient autorisées même dans les lieux de la cure qui leur étaient interdits.

Rapidement, le curé me relégua au rang de simple serviteur. Je devins bientôt maigre et entêté, à cause des travaux durs et injustes qui m'opprimaient. Tous les jours, après avoir appris mes leçons à la hâte, je devais employer tout le reste de mon temps au service et dans l'intérêt du curé. J'étais alors sous-alimenté, jamais habillé assez chaudement, et j'étais obligé d'assurer le même travail qu'un homme adulte.

L'année où j'atteignis mes dix ans, la misère devint plus grande encore. Dans toute la région où je me trouvais, la moisson fut perdue à cause d'une inondation, et tout le monde souffrait de la faim... À la cure, la situation était pire encore, car chaque grain de riz était disputé ! L'esprit de charité avait disparu sans laisser aucune trace. Je recevais simplement 100 gr de riz cru par jour pour vivre, avec juste un peu de sauce soja. Il n'y avait plus d'heure fixée pour les repas, et le travail devait continuer comme à l'ordinaire !

L'une de mes fonctions à Hữu-Bằng était de m'occuper des canards. J'étais « l'amiral » de la cure, et j'avais quinze canards sous ma surveillance. Je devais les mener de la basse cour jusqu'au marais le matin, et le soir venu, je devais veiller à ce qu'ils rentrent tous au port !

C'est peu de temps plus tard que j'ai aussi reçu de tristes nouvelles de ma famille. Dans la région de Ngăm-Giáo, les digues avaient rompu et ma famille était réduite à la plus noire misère. Mes parents devaient emprunter de l'argent et se nourrir de simple potage pour subsister. Cette nouvelle me transperça le cœur, et j'oubliai alors toutes mes souffrances, pour ne plus penser qu'à ma famille.

Ma famille, se trouvant réduite à cet état de pauvreté, ne pouvait plus m'envoyer des habits, de l'argent et d'autres choses nécessaires, comme elle le faisait chaque année. Ma mère décida finalement d'écrire une lettre au curé, pour lui expliquer qu'elle me confiait totalement à lui :

« La situation de la famille ne permet plus de mettre de côté le moindre sou pour notre enfant éloigné. Nous comptons donc entièrement sur vous. Van sera désormais plus votre enfant que le nôtre. Vivant ou mort, bon ou mauvais, nous vous demandons de vous occuper de lui. »

Chez madame Sáu

Au moment où j'étais de plus en plus accablé par la tristesse et la souffrance, j'ai tout de même reçu une petite consolation du ciel. Cet événement s'est produit au moment où j'ai dû accompagner le curé qui allait donner la retraite à Bảo-Sơn. J'ai rapidement remarqué qu'à la paroisse de Bảo-Sơn, tout comme à Hữu-Bằng, les filles avaient pour habitude de rendre visite au curé en dehors des horaires officiels. Les curés aimaient leur présence, mais je trouvais ces filles douteuses, car elles n'avaient d'égard pour personne.

Ce jour-là, le curé me donna l'ordre de ne pas laisser les filles entrer à la cure à l'heure de la sieste. Ce n'était évidemment pas une bonne idée de me donner un ordre qui m'obligeait à me confronter directement à ces filles. J'ai tout de même obéi au curé, et après une longue altercation, j'ai réussi à faire fuir ces filles. Mais c'est à ce moment-là que je suis tombé du muret sur lequel je m'étais posté, et que je me suis déboîté le genou.

L'abbé Nhã en colère :
« Laissez Van là ! S'il meurt, je l'enterrerai, et s'il reste infirme, je le renverrai chez son père ! »

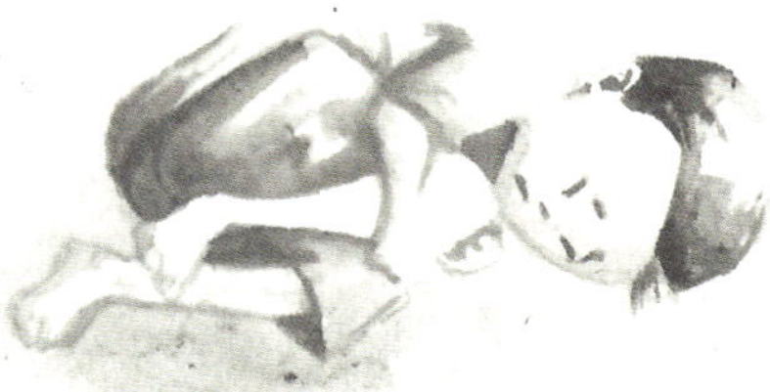

Un des garçons de la cure m'aida à rejoindre mon lit, car je ne pouvais pas marcher et j'étais pris d'une terrible fièvre. Le curé était furieux. Il refusa de me faire soigner, et il voulait même me battre pour me punir. Heureusement, une des servantes est intervenue pour le stopper. Cette dame a ensuite décidé de s'occuper de moi elle-même, et elle m'a pris sur son dos pour m'emmener chez la rebouteuse du village, qui était chez Mme Sáu.

Hélas, arrivés sur place, Mme Sáu nous expliqua que la rebouteuse avait eu un malaise le jour-même, et qu'elle n'était pas en état de me soigner. Voyant mon état critique, Mme Sáu refusa que je retourne à la cure, et elle décida de m'héberger jusqu'à ce que je sois guéri. Le curé n'était évidemment pas d'accord, mais finalement, il céda face à la persévérance de Mme Sáu.

Lettres et idéogrammes

Depuis 1906, les idéogrammes avaient été officiellement abandonnés dans les écoles pour l'apprentissage du vietnamien. Ils ont alors été remplacés par l'écriture occidentale, que les missionnaires catholiques avaient adaptée à cet effet depuis plus de deux siècles déjà, le « quốc ngữu ».

Un écart s'était alors creusé entre les générations. Par exemple, lorsque le père de Van, qui ne déchiffrait lui-même que les caractères chinois ignorés par son fils, recevait une lettre de celui-ci, il devait en demander la lecture à sa fille aînée Lê.

Maison de Mme Sáu

Mme Sáu prit la responsabilité de m'héberger pour me soigner. Elle fit appel à un rebouteux qui constata que ma rotule était déboîtée, et qui remit mon genou en place. Mme Sáu m'a ensuite soigné à l'aide de remèdes durant 6 mois. Elle remarqua assez rapidement que ma tristesse me faisait autant souffrir que ma blessure physique. J'avais beaucoup souffert à Hữu-Bằng durant plusieurs années, et ma famille me manquait beaucoup. Grâce à la douceur et la gentillesse de cette dame, ces quelques mois passés chez elle furent pour moi un véritable moment de repos et de paix.

Le jardin de cette maison était composé de plusieurs arbres fruitiers. J'avais la permission de manger tous les fruits que je voulais, mais parmi ces arbres, c'est le pamplemoussier que je préférais. Cet arbre donnait des fruits croisés, moitié sucrés moitié acides, très juteux et ayant une saveur spéciale. J'aimais beaucoup les pamplemousses, car comme dans ma vie, il y avait dans ce fruit un mélange de douceur et d'amertume.

Mme Sáu :
« Je trouve cela bien étrange. Jamais je n'ai rencontré un enfant si énergique et en même temps si facile à émouvoir. »

Un soir de fin d'automne, à la vue du paysage, je fus envahi par la mélancolie. Je pensais à mille choses du passé, et surtout au souvenir heureux de mon enfance passée avec ma famille. Mais peu à peu, des souvenirs pénibles se présentèrent à mon esprit, comme la séparation avec ma famille, les jours sombres à la cure, et la vie remplie d'humiliation et de travaux. À ce moment-là, en voyant Mme Sáu en train de préparer mon remède avec tant d'attention, j'ai été ému jusqu'aux larmes…
Elle essaya alors de me consoler, car elle ne comprenait pas pourquoi je pleurais. Mais ces paroles de consolation m'ont surtout ému davantage, et j'étais alors incapable de lui dire quoi que ce soit.

Je pourrais parler longuement du tendre amour maternel qui m'est venu du cœur de cette veuve…
Sans ces quelques mois chez elle, ma vie à la cure n'aurait pas connu un seul jour de consolation.

Mes adieux avec Mme Sáu furent émouvants…

Sans cette main bienfaisante pour me soutenir, ces jours de souffrances auraient pu me rendre malheureux pour toute ma vie. Et aujourd'hui, chaque pas que je fais me rappelle les mains charitables et les cœurs généreux qui m'ont autrefois secouru.

Cure de Thái-Nguyên

Quitter la cure

À cette époque-là, ceux qui décidaient de quitter la cure, et sortir de la maison de Dieu sans raisons justes et évidentes, étaient condamnés à se faire une réputation de défroqué. De plus, par respect pour la dignité sacerdotale, les chrétiens n'osaient pas prêter facilement attention aux injustices que les prêtres commettaient à la cure. Les prêtres ont donc largement profité de ce respect des fidèles, et les enfants qui étaient victimes d'injustices n'osaient pas se plaindre.

Quelques mois après mon retour à Hữu-Bằng, une révolte des enfants contre les catéchistes et le curé a eu lieu. J'ai moi-même participé à cette révolte, pour protester contre les abus d'autorité et les maltraitances que nous subissions à la cure. Hélas, notre action fut un échec. Après cette tentative de rébellion, la situation à la cure devint encore plus difficile pour nous, et les relations avec les catéchistes de plus en plus tendues.

Certains garçons, à bout de patience, firent leur paquet et demandèrent à partir. Ensuite, constatant de nouveaux désordres, le curé renvoya plusieurs garçons dans leur famille. Et pour finir, il me transféra, ainsi que 2 autres camarades, à la cure de Thái-Nguyên. C'était pour moi une bonne nouvelle, car j'étais heureux de quitter la cure maudite de Hữu-Bằng.

La paroisse de Thái-Nguyên ayant à sa tête un père espagnol, vicaire délégué, je pensais trouver là-bas un endroit où régnait la discipline avec la plus grande charité. Mais après quelques jours sur place, je vis clairement que c'était tout le contraire de ce que j'avais imaginé. Et pire que tout, il y avait même une ségrégation pratiquée par les Espagnols à l'encontre des Vietnamiens.

Je me rappelle très bien de ce jour où le père Xuân, dominicain espagnol, nous proposa d'aller au cinéma. Avec les autres enfants, nous venions de la campagne et ignorions tout du cinéma.

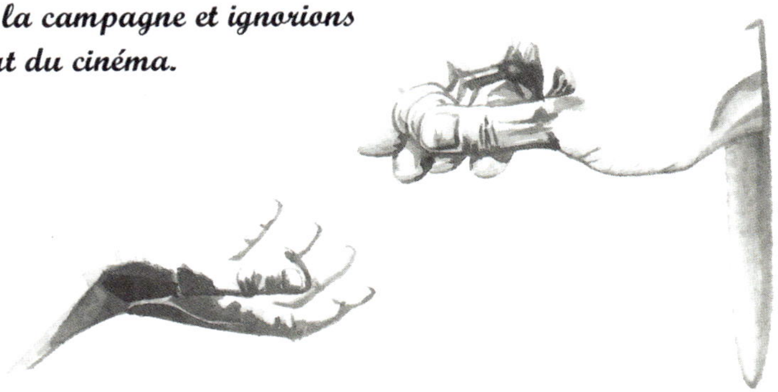

Mission espagnole

Parallèlement aux missions françaises et canadiennes qui s'étaient installées dans le pays, il existait aussi une mission espagnole qui s'était implantée dans une partie du nord du Vietnam. Van a d'ailleurs été confirmé par un évêque d'origine espagnole. Les pères missionnaires étrangers avaient pour coutume de prendre un nom vietnamien. C'est pour cette raison qu'à la cure de Thái-Nguyên, un père espagnol portait le nom vietnamien « Xuân ».

Nous étions ravis de tenter cette expérience, mais en échange de l'argent pour les tickets de la séance, le père nous obligea à recevoir 3 coups de rotin chacun. Je n'étais pas d'accord, mais les autres enfants ont accepté et je n'ai pas eu mon mot à dire…

J'ai donc finalement assisté à cette séance de cinéma, et je fus très impressionné par cette technologie. Je me demandais comment les gens faisaient pour arriver à représenter ainsi des images mouvantes.

Je n'arrivais à aucune conclusion, et j'ai alors décidé qu'un jour j'étudierais le cinéma pour comprendre ! Lorsque je voyais une machine fonctionner, j'éprouvais toujours en moi le besoin de connaître ses mécanismes.

Sur le chemin du retour, je continuais de discuter avec les autres enfants à propos de ces questions scientifiques.

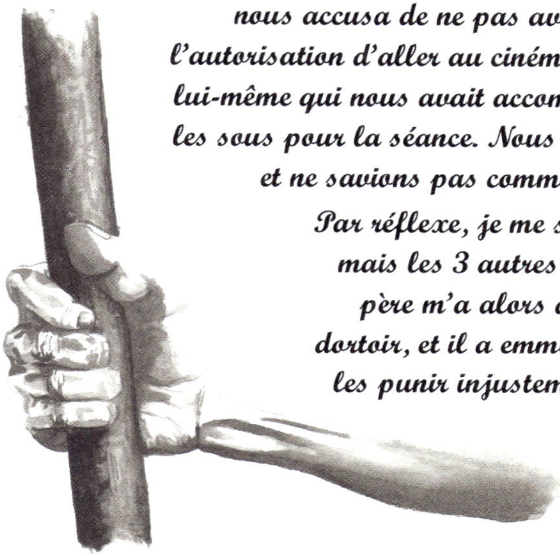

Mais arrivés à la cure, le père nous joua encore un de ses coups tordus. Il prit un ton agressif et nous accusa de ne pas avoir demandé l'autorisation d'aller au cinéma, alors que c'est lui-même qui nous avait accompagnés et donné les sous pour la séance. Nous étions stupéfaits et ne savions pas comment réagir.

Par réflexe, je me suis excusé auprès du père, mais les 3 autres garçons n'ont rien dit. Le père m'a alors autorisé de retourner au dortoir, et il a emmené les autres enfants pour les punir injustement de quelques coups de rotin…

Le lendemain, j'ai été surpris de m'apercevoir que mes camarades étaient mécontents car je n'avais pas été battu avec eux. Ils m'ont alors expulsé de leur jeu, et personne ne voulait jouer avec moi, soi-disant que j'étais égoïste et orgueilleux… De plus, ils m'ont menacé en m'expliquant que les Espagnols étaient très sévères, et que même si j'avais échappé au rotin cette fois-ci, je serais de toute façon doublement battu la prochaine fois !

À partir de ce moment, il me fut impossible de croire davantage en la douceur de ces pères. J'avais déjà goûté au jeu cruel auquel ils se livraient, et j'étais conscient que les menaces de mes camarades étaient bien fondées. J'ai vite compris qu'il me serait trop difficile de supporter les maltraitances des pères et le rejet de mes camarades, c'est pourquoi le lendemain à midi je me suis enfui de Thái-Nguyên, pour trouver moi-même une cure où je pourrais étudier en paix.

Vagabondage

Après m'être enfui de la cure de Thái-Nguyên, je me suis rendu à la ville de Bắc-Ninh pour essayer de rejoindre le village de ma tante Khánh. Je n'avais alors que 12 ans, et j'avais sur moi à peine assez d'argent pour survivre une journée… Il m'était impossible de retourner chez moi, car l'annonce de ma fuite de la cure aurait déshonoré ma famille. C'est pourquoi je souhaitais que ma tante m'aide à trouver une nouvelle cure pour que je puisse continuer mes études et ainsi devenir prêtre.

Je n'avais hélas pas assez d'argent pour payer le transport jusqu'à Từ-Sơn, le village de ma tante. J'ai donc décidé de m'y rendre à pied, en suivant les 15 km de route qui séparaient Bắc-Ninh de Từ-Sơn. Mais là encore survint un embêtement, car j'avais à peine fait un demi-kilomètre, que je tombai sur une bande de jeunes gardiens de buffles. Ils vinrent m'intimider pour me voler le peu d'affaires que je possédais, et j'ai dû rebrousser chemin vers Bắc-Ninh pour leur échapper.

J'étais donc bloqué à Bắc-Ninh, et sans un sou. Durant plusieurs jours, j'ai rôdé sur la place du marché en offrant mes services. Je travaillais ici et là pour recevoir un peu à manger, et quand j'avais un peu de temps, j'entrais à l'église pour prier. Je dormais dehors, dans la rue, mais j'avais heureusement trouvé un sac à patates pour me protéger de la fraîcheur de ces nuits d'automne…

Seconde guerre mondiale

L'Europe s'embrase en 1939, et l'Indochine est emportée dans le gigantesque maelstrom de la Deuxième guerre mondiale. La France est rapidement vaincue, et l'Axe germano-italien s'adjoint le Japon comme partenaire. L'Axe signe le Pacte tripartite le 25 septembre 1940, pour ainsi partager le monde en zones d'occupations et d'exploitations.

Le Japon, tout en « reconnaissant » la souveraineté française, installe des troupes au Tonkin dès 1940, et contrôle en 1941 les bases navales et les aérodromes du Sud Indochinois. Le Japon fait de l'Indochine la base d'une offensive générale en Asie du Sud-Est, puis en décembre 1941, il s'attaque au États-Unis à Pearl Harbor. La guerre d'Indochine commence, et il faut dégarnir l'Indochine de la plupart des troupes d'occupation.

À ce moment-là, plusieurs familles ont proposé de m'héberger. La première dame était extrêmement pauvre, et s'occupait seule de ses enfants. Mais j'ai tout de même passé une nuit agréable auprès de ces gens généreux et chaleureux.

C'est ensuite un couple qui m'a hébergé pour une nuit, mais j'ai vite compris que ces gens voulaient me vendre à une dame riche qui ne pouvait pas avoir d'enfant…

Pour finir, j'ai passé quelques jours au sein d'une petite famille, regroupant les parents et un nouveau-né. Le mari s'occupait bien de moi, mais bien que je travaillais dur dans cette maison, sa femme ne supportait pas ma présence, et elle a fini par me chasser de la maison.

J'ai ensuite décidé de ne plus retourner au marché de Bắc-Ninh. Mon métier allait désormais consister à tendre la main aux passants qui circulaient entre l'église et la gare. Je menais une vie très irrégulière, et j'étais tantôt rassasié, tantôt affamé. Les pluies d'automne menaçaient toujours de me poser des problèmes, de sorte que la tristesse ne me quittait pas un seul instant.

La nuit venue, je me couchais au pied de quelques gros arbres, ou sous les auvents en bordure de la rue. Après quelques jours passés à mendier ainsi, mon aspect avait changé de sorte que personne de mon entourage n'aurait pu me reconnaître...

J'avais les mains et les pieds amaigris, la peau brunie par le soleil, et quand je me touchais les joues, je ne sentais plus que les os de mes mâchoires décharnées. Ma chevelure était démesurément longue et probablement très malpropre. Mes vêtements étaient aussi extrêmement sales, et très abîmés !

Malgré tout, je ne trouvais rien d'insurmontable dans cette vie de pauvre vagabond. J'étais surtout heureux de m'être enfui, et d'avoir échappé au péché et aux souffrances de la cure. Je trouvais plus facile de pratiquer la vertu en mendiant plutôt qu'en restant à la cure, où les gens étaient beaucoup plus cruels que ceux vivant dans le monde. Je peux même dire qu'ils portaient le masque de la vertu pour dévorer l'héritage des gens de bonne foi...

Malgré le côté très pénible de ma situation, je l'acceptais donc de bon cœur, car je gardais toujours l'espoir qu'après m'être libéré de Hữu-Bằng, j'allais enfin pouvoir trouver une nouvelle cure pour devenir prêtre.

Le problème à Bắc-Ninh, est que deux fois je me suis trouvé en présence de gens qui me connaissaient. J'ai d'abord rencontré un élève de l'école de catéchisme de la cure, puis un cousin éloigné de ma famille. Ils sont tous deux venus vers moi pour m'interroger, mais j'ai heureusement réussi à jouer la comédie pour les troubler. Ils sont ainsi repartis en pensant s'être trompé.

Mais à la suite de cette double rencontre, je devais forcément quitter Bắc-Ninh pour aller vagabonder ailleurs.

J'ai donc commencé à mendier dans les trains, ce qui me permettait de changer de lieux plusieurs fois par jour.

La nuit, je couchais à la gare dans des wagons vides. Mais au bout de quelques nuits, j'ai été repéré et chassé par un employé de la gare, qui me menaçait de me livrer à la police. J'ai alors perdu mon précieux sac à patates pour échapper à mon poursuivant et disparaître dans l'obscurité…

Deux semaines s'étaient écoulées depuis ma fuite de la cure. J'avais tout essayé pour m'en sortir seul, mais malgré mes efforts, j'avais échoué. Je n'avais alors pas d'autre choix que de retourner à la cure de Hữu-Bằng… J'ai alors entamé un long périple pour atteindre ce lieu qui m'avait déjà tant fait souffrir.

Retour à la maison

À mon retour de Bắc-Ninh, j'ai réussi à m'infiltrer à Hữu-Bằng pour récupérer des vêtements propres. J'en ai aussi profité pour prendre quelques sous dans le tiroir du curé, que je considérais comme le paiement de toutes les années de travail qu'il me devait. En réalité, j'avais juste pris assez pour payer mon trajet jusqu'au village de ma tante. Je me suis alors mis en route, et avant d'arriver chez ma tante, j'ai quand même pu acheter un petit souvenir pour ma petite sœur Tế. Ma tante Khánh m'a accueilli chaleureusement, et j'ai passé deux semaines chez elle.

Apparition du communisme

Durant cette période de conflits, l'amiral Decoux, Gouverneur général de l'Indochine, organise avec succès une stratégie de survie. Il encourage l'expression d'un certain nationalisme, en revivifiant l'idéal monarchiste, et allant même jusqu'à employer le terme de Vietnam. Mais dans le même temps, le Vietminh est créé. Ce « front démocratique », regroupant des forces progressives dirigées par des communistes, appelle à un soulèvement général pour l'indépendance du Vietnam.

France, Japon, et Vietminh : trois ensembles dont l'avenir est lié au déroulement de la guerre mondiale.

Mais quand ma mère a appris mon retour, elle a exigé que je rentre immédiatement à la maison. Ma tante m'expliqua qu'elle devait se conformer à la demande de ma mère, et me ramener chez moi. J'avais vraiment peur de rentrer et je craignais même que mon père, fou de colère, ne décide de me couper la tête ! Mais finalement, les jours que j'ai passés auprès de ma famille ont été pour moi encore plus douloureux que la mort…

Ma maison à mon retour

Arrivé chez moi, j'ai tout d'abord été choqué par la pauvreté de ma famille et l'état de notre maison… Celle-ci était maintenant étroite et malpropre, et les murs autrefois blanchis à la chaux, étaient maintenant recouverts d'une mousse très noire. Le parterre de fleurs était devenu un jardin potager, et la cour pavée s'était transformée en treille pour les courges.

Mes parents étaient furieux

Pour ne pas arranger cette situation déjà critique, mon père était tombé dans les jeux d'argent et l'alcool… Après l'inondation, il aurait pu se repentir pour s'appliquer à reconstruire tout ce qui avait été perdu, mais au lieu de cela, il employa son temps à détruire le peu qu'il pouvait rester du bonheur familial. Il vint un jour où il fallut même vendre les rizières et engager l'héritage pour satisfaire sa passion du jeu. La plus grande souffrance de ma mère n'était pas tant la perte de l'héritage, mais bien le manque d'amour et d'attention de mon père envers notre famille.

J'ai eu du mal à reconnaître mon père

Dès mon arrivée à la maison, je fus traité par mes parents comme un fils dégénéré.

Ils étaient furieux de ma fuite de Hữu-Bằng, et ils considéraient que j'avais déshonoré la famille. Mon père me réprimanda à grands cris et me repoussa comme un vulgaire mendiant. Ma mère était très mécontente de ma fuite, et pour me faire expier de ma faute, elle me traitait comme si je n'avais plus été son enfant.

À partir de ce moment, la porte de mon cœur se ferma hermétiquement, et je n'osais plus desserrer les dents pour adresser d'affectueuses paroles à mes parents. Il ne me restait que mes larmes pour exprimer ma tristesse durant ces longues nuits passées chez moi, rejeté par ma famille. Après quelques semaines, je n'avais même plus le courage de vivre dans ma propre maison…

Je pensais que la situation chez moi ne pouvait empirer, quand un mois après mon retour, l'abbé Nhã est venu rendre visite à ma famille… Il voulait parler à mes parents pour me reprocher d'énormes fautes que je n'avais jamais commises, et m'accuser à tort de lui avoir volé une grosse somme d'argent à la cure.

Famine

Après quelques années de brillante croissance économique, l'Indochine connut le contrecoup terrible de la Grande Dépression, lié aux concentrations du capitalisme et l'internationalisation du marché. Dans les dix mille communes rurales du fleuve Rouge, le déficit alimentaire atteignit de manière chronique près du quart des besoins, et les statistiques officielles dénombraient plus d'un million et demi de bouches « en trop ».

Le sous-emploi et l'endettement aggravaient les fléaux du jeu et de l'alcool, et les rapports sociaux se détérioraient sans cesse. La sécheresse ou une inondation, une récolte manquée ou un cyclone risquaient toujours de rompre des équilibres de survie précaires et de plonger la population dans une misère sans nom. Les mauvais traitements, l'exploitation, voire le trafic d'enfants abandonnés étaient les plus tristes aspects de ce désastre collectif.

Van subit tous ces maux. Sa famille s'appauvrit considérablement et d'une situation relativement aisée tomba dans le besoin. L'enfant choyé devint mendiant.

Ma petite sœur Té avait même brisé le souvenir que je lui avais apporté de mon périple, car elle ne voulait pas accepter de cadeau d'un voleur…

À partir de ce moment, ma vie devint encore plus triste, et les jours d'amertume ne cessèrent de s'accumuler. Les membres de ma famille me considéraient comme un sale type, et chacun hésitait à me parler. Ils se tenaient tous sur leurs gardes, et me surveillaient constamment par crainte que je vole quelque chose.

Villageois mécontents

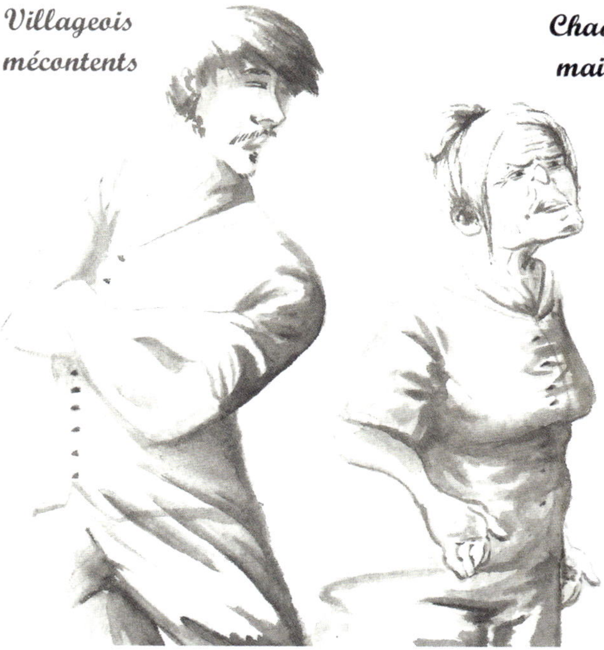

Chaque repas à la maison était devenu un tribunal, où tous les soucis de la maison étaient rejetés sur moi. J'ai fini par éviter au maximum ma maison et ma famille. Mais le mensonge de l'argent volé au curé Joseph Nhã avait rapidement fait le tour du village, si bien que partout où j'allais, j'étais l'objet de mépris. Dans les rues de Ngăm-Giáo, on me maudissait comme un misérable, et on me reléguait au rang de simple voleur.

Les seules personnes avec qui j'aimais passer du temps étaient les orphelins du village. Ils vivaient dans la rue, et étaient considérés comme dangereux, grossiers, et sans éducation.

Mais j'aimais jouer avec eux, car ils n'écoutaient pas les mensonges à mon sujet, et me jugeaient simplement par mes actes envers eux. Mais quand mes parents ont découvert que je fréquentais amicalement ces enfants, ils m'interdirent absolument de les voir…

Je me suis enfui plusieurs fois de la maison, sans oser y revenir. Dans ces cas-là, c'est à l'église que je me réfugiais. Mais mon unique nourriture corporelle se composait des restes de cire que je trouvais sur l'autel.

En passant par cette série d'épreuves et de souffrances, mon âme en avait été transformée... En peu de temps, j'en vins à me considérer comme un être indigne, destiné à mourir et tomber en enfer ! Car si sur terre j'étais rejeté par tous y compris ma propre famille, comment Dieu pouvait-il m'aimer et m'accepter au paradis ? Cette pensée me tortura durant plusieurs semaines.

Heureusement, la situation s'est améliorée après mes confessions auprès de l'abbé Dominique Nghĩa. Il m'assura que parmi les fautes dont je m'étais accusé, aucune n'avait fait de la peine au bon Dieu. Peu à peu, la paix revint dans mon cœur, et quand arriva la fête de Noël de cette année-là, mon âme avait retrouvé toute sa vitalité.

C'est en pleine nuit de Noël 1940 que mon âme a été entièrement transformée. Cette nuit-là, lors de la messe de minuit à l'église, j'ai eu une révélation qui a changé ma vie.

En cet instant, j'ai compris que le but de ma vie consisterait à essayer de changer la souffrance en bonheur. Je n'avais plus peur de la souffrance, et j'avais réussi à me vaincre moi-même. Je ne devais pas supprimer la souffrance, mais puiser dans l'amour pour la transformer en bonheur. Je me sentais alors le cœur léger, et prêt à braver toute les épreuves qui m'attendaient !

Ce soir-là, j'ai même eu l'occasion de réaliser mon premier fait d'armes. Après la messe, alors que j'étais venu m'asseoir près des cierges pour pouvoir lire mes prières, mon frère adoptif Nhất est venu éteindre les bougies.

Il voulait m'empêcher de lire, car il pensait que je n'avais pas le droit de m'asseoir à la place des Croisés… Autrefois, je n'aurais pas manqué de me disputer. Mais à ce moment-là, j'ai simplement refermé mon livre, et je suis calmement allé me blottir près d'une colonne, pour offrir à Dieu mes larmes et ma victoire.

De retour à la maison, je suis allé voir Nhất pour lui souhaiter un joyeux Noël, comme si rien ne s'était passé.

À partir de cette victoire, j'ai compris que chaque fois que se présenterait une occasion d'être humilié, j'en sortirai forcément vainqueur. Une nouvelle phase de ma vie allait alors commencer.

Travail à Tử-Sơn

Quelques semaines après Noël, ma tante Khánh vint rendre visite à ma famille à l'occasion du Têt. Le Têt est le premier jour de l'an vietnamien, et en 1941, il tombait le 27 janvier. Ma tante remarqua que j'étais très pâle et que j'avais l'air vraiment fatigué. Elle comprit rapidement que mon retour chez moi ne m'avait pas fait beaucoup de bien.

Maison de ma Tante

Ma tante proposa alors à ma mère de m'emmener vivre chez elle pour quelques temps. Ma mère accepta mon départ sans hésitation, et elle ajouta même que j'étais la cause de trop de troubles à la maison… C'est ainsi que je suis parti pour habiter avec ma tante pour une durée indéterminée.

Ce jour-là, le spectacle de la nature m'a fait verser quelques larmes. C'était tout à fait différent des années d'autrefois où la route conduisant chez ma tante était si joyeuse. Cette fois, au contraire, le temps était sombre, il crachinait continuellement et le vent du nord nous pénétrait jusqu'aux os.

Ma tante me serrait contre elle en marchant pour me réchauffer et me réconforter. À partir de ce moment, je me suis senti auprès de ma tante comme si elle avait été ma seule mère en ce monde, et je lui ai ouvert mon cœur sans aucune réticence.

La maison de ma tante avait un aspect très différent de celui d'autrefois. Les anciens compartiments plutôt bas avaient été remplacés par d'autres plus élevés et plus propres. La cour en terre était maintenant pavée de ciment, et il y avait de l'ordre partout. C'était vraiment tout l'opposé de ce que je voyais dans ma famille. Alors que celle de ma tante se relevait, la mienne allait en se détériorant…

Mon cousin Khánh avait pris pour femme Dệ, et ma cousine Dào se préparait également au mariage. Quant à mes autres cousins Lan et Dú, ils allaient à l'école de Ngăm.

Je me sentais donc assez seul chez elle. Heureusement, je m'entendais très bien avec Dệ, la jeune femme de mon cousin, qui avait tout comme moi un grand esprit de piété.

Les membres de la famille de ma tante étaient tous plus âgés, et très occupés.

Chez ma tante, mon travail consistait à transporter de l'eau pour remplir la jarre, à nettoyer la cour devant la maison, et à m'exercer à faire la cuisine pour préparer les repas. Le soir venu, j'étais fier d'être le seul à entonner les prières en famille, avec en plus le privilège de lire en commun la vie des saints. Si ma tante me réservait ce privilège, c'est parce qu'elle me félicitait d'avoir une voix claire et bien audible.

L'une de mes principales tâches chez ma tante était de garder le bœuf de la famille. Au début, le travail de mener paître le bœuf m'était très pénible. J'ai dû d'abord fouler aux pieds mon amour-propre, car les gens considéraient d'ordinaire cette occupation comme quelque chose de vil. Je n'étais pas de cet avis, mais j'ai malgré tout versé des larmes les premiers jours car on se moquait beaucoup de moi.

J'ai dû ensuite m'exercer à monter le bœuf… Ce n'est qu'à force de pratiques répétées que j'ai réussi à apprendre à grimper sur son dos, et à le faire arrêter quand je le souhaitais. Je suis tombé bien des fois, mais heureusement, l'animal de ma tante était doux, car sans cela j'aurais été piétiné plus d'une fois !

Je n'aimais pas travailler avec les autres garçons du village, car ils étaient vulgaires, sans respect, et ils me mettaient mal à l'aise. J'allais donc faire paître mon bœuf à l'écart, en tachant de me divertir seul. Mon plus grand plaisir était d'organiser une procession d'un nouveau genre. Je divisais le champ en plusieurs parties, et j'ornais le mieux possible mon bœuf en lui fixant aux cornes des fleurs les plus variées. Je m'agenouillais ensuite sur son dos et je le faisais paître lentement au bord de la rizière, tout en récitant le chapelet à voix haute. D'ordinaire, ces processions duraient deux ou trois heures, mais jamais je ne me sentais fatigué !

En me voyant ainsi travailler avec le bœuf, certains passants me reprochaient de manquer de respect envers la Sainte Vierge. Je leur rétorquais simplement que j'aimais la Sainte Vierge, et que je l'aimais partout ! Il n'y avait aucune mauvaise intention dans mes actes.

Chaque jour, Dệ me choisissait l'histoire d'un Saint à lire pendant que je faisais paître le bœuf.

Contrairement à la plupart des gens, je n'hésitais pas à me jeter contre le cœur de la Sainte Vierge, pour ainsi me rapprocher davantage de Jésus. Je sentais la beauté et la présence de Dieu tout autour de moi, que ce soit dans la fleur des champs, le murmure du vent dans les pins, la splendeur de l'aurore, ou encore le chant des oiseaux…

Après cinq mois passés chez ma tante vint le temps de la moisson. Le bœuf était alors utilisé pour le travail, et je n'avais plus besoin de le faire paître. Mon cousin Khánh demanda alors à ma tante de me renvoyer chez moi. Il n'aimait pas que ma tante s'occupe autant de moi, et depuis quelques temps, ma présence était source de tension dans la famille…

Ma tante voulait tout de même que je reste avec elle, pour que je puisse me reposer avant de repartir. Elle avait peur de me voir souffrir de nouveau si je rentrais auprès de ma famille. Je lui ai expliqué que c'était encore plus pénible pour moi de rester chez elle, et de voir souffrir les autres. C'est ainsi qu'au mois de mai, je suis retourné vivre avec ma famille, sans vraiment savoir quelle réaction mes parents allaient avoir.

Bataille à Hữu-Bằng

De retour chez moi, je fus surpris de constater que mes parents n'avaient plus envers moi cette attitude indifférente ou agressive d'autrefois. Mes frères et sœurs se montraient aussi beaucoup plus accueillants, excepté ma petite sœur Tế qui refusait toujours de s'entendre avec moi. Mais d'une manière générale, durant ces quelques semaines, j'ai coulé des jours heureux au sein de ma famille !

Ce bonheur n'a duré que trop peu de temps, car un mois plus tard, l'abbé Nhã est de nouveau venu rendre visite à ma famille... Mais cette fois-ci, il n'était pas venu pour m'accuser. Au contraire, il s'est excusé auprès de mes parents, et il leur a demandé de m'autoriser à retourner à la cure de Hữu-Bằng pour l'aider à guider les nouvelles recrues.

En m'observant depuis mon retour de la cure, ma mère avait bien compris que j'étais réellement innocent. Elle était donc furieuse contre le curé à cause des mensonges qu'il avait racontés... Elle lui répondit qu'elle ne m'obligerait jamais à retourner à la cure, et que la décision était entre mes mains.

Une fois le curé parti, ma mère me demanda d'aller prier à l'église, pour ensuite prendre une décision au sujet de la proposition du curé. Je n'avais aucunement l'intention de retourner dans cette cure détestable, mais j'ai tout de même écouté les conseils de ma mère.

Le lendemain, après la communion, j'ai prié pour que la Sainte Vierge me guide dans mes choix. J'ai alors eu l'impression de ressentir une inspiration, qui m'exhortait à partir pour la cure... J'étais heureux d'avoir reçu une réponse à mes prières, et j'ai immédiatement compris qu'il me fallait rejoindre le curé à Hữu-Bằng.

Je fis mes adieux à ma famille le jour même, et personne ne versa de larmes, car je partais joyeusement et avec le sourire. La grâce que j'avais reçue à l'église ce matin-là n'avait toujours pas quitté mon âme.
En revenant à Hữu-Bằng après 9 mois d'absence, je sentis immédiatement que j'entrais dans une atmosphère viciée par l'impureté et l'égoïsme. Le mal était grave, et la cure en était arrivée à ne plus mériter le nom de maison de Dieu. C'était le désordre, le dérèglement, et le scandale. Je ne comprenais pas pourquoi Dieu avait de nouveau guidé mes pas jusqu'ici…

C'est après 3 mois à me mortifier et à prier que j'ai enfin découvert la raison de ma présence à la cure. C'était un après-midi d'octobre, et j'étais parti me réfugier dans un coin de la sacristie car je ne souhaitais pas jouer avec les autres enfants. Un film commença alors à se dérouler dans mon esprit. Je vis tout d'abord un tableau désolant du monde plongé dans le péché, puis peu à peu, cette scène se transforma en un autre monde composé uniquement de saints.

C'est alors que j'ai compris que si les saints avaient pu garder ainsi leur cœur parfaitement pur, c'est parce qu'ils avaient fait à la Sainte Vierge le vœu de rester vierges. J'ai donc décidé de faire de même, et je me suis agenouillé devant l'image de Notre-Dame du Perpétuel-Secours pour faire vœu de chasteté.

À partir de ce jour, ma mission était de m'opposer aux mauvais exemples de la cure. Et même s'il ne restait qu'un seul homme au monde à sauver, je continuerais à mettre en œuvre tous les moyens pour le sauver !

Sur la vénérable icône crétoise et romaine de Notre-Dame du Perpétuel-Secours, confiée par Pie IX aux soins des Rédemptoristes, Marie semble puiser la tendresse de son regard dans l'Enfant Jésus qui se blottit sur son cœur tout en fixant les instruments de la Passion.

À la cure, j'étais loin d'être la seule personne de bonne volonté. J'en connaissais plusieurs autres, surtout dans le groupe des petits, qui désiraient aussi se libérer de l'influence malsaine des adultes de la cure. C'est pour cette raison qu'un soir, avec 5 autres garçons, nous nous sommes réunis à la lisière de la forêt pour organiser la résistance !

Nous avons alors décidé de créer la troupe des « Anges de la résistance », pour combattre le péché qui avait contaminé la cure. Notre objectif était de rompre toute relation avec le mal, et de veiller à ce que le règlement de la cure soit respecté par tous. Notre troupe nous permettait aussi de nous protéger mutuellement, tant au point de vue spirituel que corporel.

J'avais été élu « Chef » par mes petits compagnons, et chaque soir nous tenions une réunion secrète dans la forêt pour délibérer sur les points contre lesquels il fallait protester. En moins de trois semaines, ces enfants auparavant timides, malpropres, paresseux et querelleurs, étaient devenus doux, attentifs, propres et très énergiques. Ils étaient devenus de vrais petits soldats d'élite de notre troupe !

La résistance

L'histoire du Vietnam avait chargé de noblesse le terme « résistance » (kháng chiến), avant que les conflits plus récents du XXe siècle ne lui donnent un air suspect d'idéologie et de violence. Mille ans d'occupation chinoise avaient forgé un patriotisme, ravivé par la colonisation française, qui portait haut non seulement le désir légitime d'indépendance mais aussi « un modèle de l'homme en sa dignité et cela en chaque nation », hérité du confucianisme.

Le programme élaboré par Van et ses camarades, au long de délibérations secrètes dans la forêt, n'est pas une liste de revendications unilatérales au ton agressif. Il établit des distinctions entre ce qu'il faut combattre, ce qu'il convient seulement d'éviter, et ce qu'il est juste de garder. Son premier but est d'établir entre ses membres un esprit de charité. La victoire est attendue en définitive de la négociation et de la persuasion. Ce groupe d'adolescents est appelé « Thiên Thần Kháng Chiến », ce qui signifie « les Anges de la résistance ».

L'un de nos principaux combats était d'essayer de rompre les histoires amoureuses qui se tramaient à la cure entre les catéchistes et les jeunes filles du village.

Cette bataille avait mal commencé, car l'un des garçons de notre troupe, Đoán, nous avait trahi et servait d'agent de liaison pour transmettre les lettres entre la cure et ces filles. Mais j'ai rapidement réussi à prévenir les jeunes gens du village de ce qui se passait à la cure.

Voulant préserver la bonne réputation de leur village, ces jeunes gens ont menacé Đoán de le battre s'il continuait à transmettre les courriers des catéchistes.

J'ai alors pris la place de Đoán pour aider les catéchistes à communiquer avec les filles. C'était en réalité une ruse, et mon astuce consistait à réécrire toutes les lettres qui circulaient pour créer la confusion entre ces amants illégitimes.

Petit à petit, ces couples ont commencé à ressentir une incompréhension mutuelle, et ils ne se parlaient que difficilement. Ils en sont ensuite venus à s'éviter, pour finalement rompre définitivement leur relation…

J'étais très ému de cette grande victoire des anges de la résistance. En quelques semaines, l'influence du bon esprit de la troupe avait franchi les murs de la cure pour s'étendre jusqu'à l'école, et même chez les petits Croisés de la paroisse !

Séminaire de Lạng-Sơn

Mon combat à Hữu-Bằng n'a pas duré bien longtemps. Car le petit séminaire de Lạng-Sơn voulait accueillir de nouveaux élèves, et un de mes anciens amis de la cure, Tân, me demanda d'aller le rejoindre là-bas. Le curé accepta mon départ, car les catéchistes souhaitaient voir disparaître le chef des Anges de la résistance… J'ai donc pris la route au début de l'année 1942, à 14 ans, pour me rendre à Lạng-Sơn. Mais le curé ne me donna ni habits, ni sandales, ni matériel !

Mes débuts au séminaire de Lạng-Sơn ont été assez difficiles. Tout d'abord parce que mes camarades se moquaient de moi à cause de ma grande pauvreté. Même Tân était gêné que le curé ait osé m'envoyer ainsi, habillé comme un mendiant. Heureusement, quelques jours plus tard arrivèrent les cadeaux envoyés par le Carmel de Saigon, pour les séminaristes les plus pauvres. J'ai donc pu recevoir des habits, ainsi que du papier et des plumes pour mes études.

Durant les premiers jours de ma vie de séminariste, j'ai ressenti une impression étrange, comme si j'étais un garçon tout à fait inutile, et incapable même d'espièglerie. Car à Hữu-Bằng, j'étais parmi ceux qui possédaient la plus grande autorité, alors qu'ici, en plus d'être faible en études, je devais subir les moqueries des autres enfants…

Cependant, le plus difficile pour moi était de vivre avec les pères européens ! À cause de ma mauvaise expérience avec les pères espagnols de la cure de Thái-Nguyên, je pensais que tous les pères européens étaient aussi cruels… Je les craignais donc au delà de toute expression, et je ne pouvais m'empêcher de trembler lorsque je pensais à eux. De plus, certains camarades espiègles, me voyant craintif, en ont profité pour m'intimider davantage en me racontant des mensonges sur les pères.

Il est fort possible que le père directeur avait compris mes craintes, car un jour, il m'invita dans son bureau pour discuter avec moi. Nous avons alors joyeusement joué aux dames et aux billes, tout en écoutant de la musique au phonographe. Le père était très amical, et après cette rencontre, j'avais le cœur comme soulagé d'un lourd fardeau et j'ai cessé d'avoir peur des pères européens.

Par la suite, je trouvais plus facile de me confier aux pères de Lạng-Sơn. Mais c'est l'économe du séminaire, le père Dreyer Dufer, qui laissa voir qu'il me comprenait mieux que tout autre. C'était un homme bon avec un regard doux, et on le voyait toujours le visage épanoui par un sourire chaleureux.

Père Dreyer Dufer

Je constatais que j'étais choyé comme dans une famille, si bien que mon amour pour les pères était aussi fort et profond que celui que j'éprouvais pour ma famille. C'était la première fois que je voyais des pères agir d'une manière vraiment paternelle !

Je me rappelle d'un fait qui avait particulièrement prouvé le talent du père Dreyer Dufer à me comprendre. C'était un matin où j'étais sorti dans le jardin pour chercher des fleurs. Le père est alors arrivé pour me demander ce que je faisais, puis il a décidé de m'aider.

Il a ensuite cueilli une fleur pour me la présenter, et m'interroger pour savoir ce que j'en pensais. Je lui ai décrit ce que je voyais, c'est-à-dire un chrysanthème blanc, ma fleur préférée. Mais il m'a alors dit que j'avais mal compris… Il me montra la petite goutte de rosée dans le calice de la fleur, et il m'expliqua que la goutte était la larme de la petite fleur, et que la petite fleur, c'était moi…

Ce n'est que plusieurs années plus tard que j'ai clairement compris le sens de ces paroles profondes du père Dreyer Dufer.

Scoutisme

Le 7 décembre 1941, les Japonais bombardent Pearl Harbor. Tout en reconnaissant la souveraineté française sur l'Indochine, ils ont imposé depuis plus d'un an la présence de leurs troupes sur les terres de ce que tous peuvent appeler désormais le Vietnam. L'amiral Decoux, responsable de l'armée française sur place, use lui-même du terme. Partageant les idées du régime de Vichy, il encourage un certain nationalisme, à travers notamment les mouvements de jeunesse comme le scoutisme. On y pratique le sport, la randonnée, les défilés en uniforme, où les hommages conjoints sont rendus aux drapeaux français et vietnamien.

Quelques semaines après mon entrée à Lạng-Sơn, je fus admis dans la troupe de scouts des « Cadets de Notre-Dame », dont le père Dreyer Dufer était le responsable. Je dus commencer par mon entraînement de louveteau, avant d'être accepté dans la troupe des scouts de seconde classe, et de recevoir le totem d'Ecureuil dans la patrouille du Cerf.

En peu de temps, ma vie joyeuse me transforma en un autre homme. Aller camper était pour moi la plus douce des retraites. Mes souvenirs de ces journées sont inoubliables… J'aimais profiter de toutes ces merveilles de la nature, comme quand nous campions sous le clair de lune, au bord d'un ruisseau, ou encore à l'ombre d'un pin au flanc d'une montagne.

Je portais le nom d'Ecureuil qui signifiait pour moi « la joie et la rapidité ».

Durant ces précieux moments, j'avais l'impression que Dieu m'enveloppait de sa tendresse.

Après six mois passés au séminaire, les vacances d'été arrivèrent. J'ai constaté que durant cette période à Lạng-Sơn, je m'étais développé et fortifié tant physiquement que spirituellement. En six mois, j'avais reçu et appris beaucoup plus de bonnes choses que durant mes 5 ans passés à la cure de Hữu-Bằng.

Durant la fermeture du séminaire en été, j'ai d'ailleurs dû repartir à Hữu-Bằng pour passer mes vacances là-bas. Je n'avais pas le choix, car mes parents ne voulaient pas que je rentre à la maison, de peur qu'ensuite je ne souhaite plus quitter ma famille…

Cure de Quảng-Uyên

Passer mes vacances à Hữu-Bằng était pour moi une lourde croix. La troupe des Anges de la résistance s'était dissoute, mais par son esprit elle exerçait tout de même une certaine influence sur ceux qui étaient restés à la cure. Quelques jours après mon retour à Hữu-Bằng, j'appris une terrible nouvelle : le petit séminaire de Lạng-Sơn fut dans l'obligation de fermer définitivement, faute de ressources pour vivre, et aussi car l'armée japonaise menaçait de le réquisitionner. Les élèves ont alors dû se disperser…

J'étais vraiment désespéré d'apprendre la fermeture de ce lieu que j'aimais tant, et j'ai passé plusieurs jours à souffrir et à verser des larmes de tristesse. Heureusement, le père Dreyer Dufer a rapidement trouvé une solution de secours pour moi. Avec deux autres camarades, nous avions été choisis pour continuer nos études à la cure de Sainte-Thérèse de l'Enfant-Jésus à Quảng-Uyên. Cette nouvelle m'arracha des larmes de joie…

Mi-août, j'ai pris la route avec mes camarades pour rejoindre la cure. Nous étions 3 anciens scouts. Il y avait Hiên « le rossignol », Tám « la panthère », et j'étais « l'écureuil » ! La route fut longue et difficile. Nous sommes partis de Lạng-Sơn en train jusqu'à Na-Chàm, puis nous avons pris l'autocar jusqu'à Cao-Bằng, et enfin une voiture pour Quảng-Uyên.

Les dominicains

Près de la frontière chinoise, sous le patronage de Thérèse de Lisieux, une poignée de dominicains français travaillent dans une grande précarité au développement du vicariat de Lạng Sơn, peuplé de minorités ethniques peu touchées par l'Evangile. Ils construisent des églises, fondent des séminaires et cherchent à recruter des vocations parmi les jeunes Vietnamiens catholiques du delta. Van répond à l'appel.

Arrivés à la cure de Quảng-Uyên, nous avons été accueillis par le père Maillet. Il nous emmena saluer le vieux père Brébion, et il nous fit visiter tout le domaine de la cure, en nous exposant les travaux et les fatigues des missionnaires. Il nous conduisit aussi à la maison des tertiaires pour nous présenter la mère supérieure, qui nous salua d'un air bienveillant. Pour conclure, le père Maillet nous expliqua que c'était nous qui allions bénéficier des sueurs et des larmes des missionnaires, et que lorsqu'ils seraient partis, nous serions les colonnes de l'Église à leur place.

Portrait du père Maillet

Dès le lendemain de notre arrivée, nous avons commencé à aller en cours. Nous n'étions pas vraiment remis de notre fatigue, mais voyant tous les sacrifices que les pères s'imposaient pour nous de si grand cœur, nous sommes tout de même entrés en classe avec joie.

La plupart des cours étaient donnés en français, par le père Maillet et le père Brébion.

Nous étions plongés dans la joie de l'étude depuis plus d'un mois quand arriva la saison sèche, avec son soleil de feu qui brûla entièrement l'herbe des champs. De plus, le puits étant à sec, les vaches de la cure étaient devenues si maigres qu'elles menaçaient de mourir. Pour essayer de sauver son troupeau, le père Maillet demanda notre aide pour nous occuper des vaches. C'est ainsi que durant plusieurs semaines, nous avions chacun la responsabilité d'une vache laitière et de son veau, que nous devions mener paître ici et là aux flancs de la montagne.

Nous n'étions pas vraiment ravis de passer de qualité d'étudiants à celle de gardiens de vaches… Nous avons même hésité à quitter la cure, mais le père Maillet nous assura que notre nouvelle fonction était due à des circonstances exceptionnelles, et que la situation reviendrait à la normale dès que possible. Voyant l'entière sincérité de notre professeur, nous avons décidé de rester à la cure pour l'aider.

Père Maillet

L'austérité et le mauvais caractère de ce vieux missionnaire étaient notoires chez ses confrères comme dans toute la chrétienté du lieu dont il avait été un temps le préfet apostolique, avant que l'on se vît obligé de le démettre de ses fonctions. Son tempérament bouillant était un atout quand il fallait défendre les droits des paysans contre les exactions des officiers français et des douaniers. Il rendait cependant la vie si difficile à son entourage, que les séparations brutales devenaient finalement la seule solution aux conflits.

On l'avait rappelé en métropole, mais son cœur était au Vietnam, au service de l'Eglise qui naissait si humblement au pied des montagnes de Chine. Il retourna auprès de ces pauvres gens dont il s'était usé à soigner gratuitement les blessures et qu'il avait tant de mal à intéresser à ses prédications. Revenu sur cette terre qu'il aimait, désireux de mourir là où il s'était tant dépensé, il lui sera donné quelques années plus tard d'être exécuté par le Vietminh avec son patient et fidèle compagnon, le père Brébion.

Van ressentait à l'égard de ces deux dominicains une immense gratitude, il se considéra toujours comme leur enfant et a laissé sur eux des témoignages très émouvants.

Après 3 mois de sécheresse, le crachin commença à tomber, et l'herbe des champs à reverdir. Nous étions alors heureux de pouvoir reprendre nos études. Mais ce changement n'a pas été apprécié par tout le monde. La mère supérieure aurait souhaité que nous continuions à garder les vaches, au moins quelques jours par semaine, mais le père Maillet refusa. La mère supérieure était furieuse, et c'est alors qu'elle engagea une guerre secrète pour essayer de nous faire quitter la cure.

Les tertiaires s'occupaient de préparer les repas, et les attaques de la supérieure consistaient principalement à nous sous-alimenter. Ses stratagèmes étaient multiples, comme servir une marmite de potage remplie, mais ne contenant que de l'eau avec seulement quelques grains de riz ou de maïs, ou encore nous donner de petites portions de riz pâteux et brûlé. Il n'y avait pas de sel dans les aliments, et la sauce soja avait un goût fade et plus acide qu'à l'ordinaire. Lorsque les pères ont commencé à suspecter quelque chose, elle changea de tactique en nous servant des bols de riz bien remplis, mais empoisonnés avec de la chaux…

La mère supérieure avait réussi à nous rendre la vie très difficile. Nous avons essayé de nous plaindre au père Maillet, mais voyant nos bols bien remplis, il ne trouva rien à reprocher aux tertiaires, et commença même à douter de notre honnêteté… Avec mes deux amis, nous avons tout de même décidé de tenter de rester à la cure jusqu'à la fin de l'année scolaire. Ainsi, tous les jours aux heures de recréation, nous nous rendions à la montagne pour trouver de quoi manger et remplacer le riz. Il n'y avait hélas pas grand-chose, à part quelques patates sauvages et des fruits comestibles.

Mes mois passés à la cure de Quảng-Uyên n'ont heureusement pas été uniquement chargés de tristesse et de souffrance. C'est là-bas que j'ai découvert « Histoire d'une âme », le livre qui a changé ma vie… Cet ouvrage retraçait la vie de Sainte Thérèse de l'Enfant-Jésus, et j'ai trouvé dans ses mots la description de ma propre âme, et l'histoire de ma propre vie. Les paroles de Thérèse m'ont offert la clé qui m'ouvrait une voie droite et agréable vers la sainteté et les sommets de la perfection.

Quelques jours plus tard, l'une des jeunes tertiaires, sœur Tin, accepta de devenir la sœur spirituelle de Hiên et Tám, pour les aider, entre autres, à recoudre leurs vêtements abîmés. Mais elle ajouta que j'étais capable de me débrouiller tout seul, et refusa de m'accepter en tant que petit frère. C'était la période où je gardais toujours « l'histoire d'une âme » avec moi, et j'ai donc compris que c'est Thérèse elle-même qui allait devenir ma sœur spirituelle ! C'était un secret que je ne voulais dévoiler à personne.

Histoire d'une âme

Dans « l'Histoire d'une âme », la « petite » Thérèse rappelait que le but principal que sa sainte éponyme avait assigné à la réforme du Carmel était de prier pour les pécheurs et pour les âmes des prêtres. Tout son désir était en entrant au couvent de devenir à son tour « l'apôtre des apôtres, priant pour eux pendant qu'ils évangélisent les âmes par leurs paroles, et surtout par leur exemple ». Van était maintenant appelé à lui aussi devenir « apôtre des apôtres », menant une vie cachée dans un monastère rédemptoriste.

Ce jour-là, j'étais tellement heureux qu'une force spirituelle m'emporta au loin, et je courus pieds nus jusqu'au pied de la montagne. Je me suis ensuite reposé seul contre un rocher, l'âme toujours débordante d'une joie extraordinaire. C'est à ce moment-là que Thérèse me parla pour la première fois. Je n'ai jamais bien compris de quelle manière je l'entendais, je savais simplement que ce n'était pas avec mes oreilles…

Jusqu'à la fin de mon séjour à la cure de Quảng-Uyên, je discutais régulièrement avec Thérèse au pied de la montagne. Mes camarades n'étaient pas au courant de ces conversations, mais je partageais tout de même avec Hiên le savoir que Thérèse m'enseignait. Ses leçons portaient par exemple sur l'amour de Dieu, la sainteté, ou encore les prières pour les conflits entre le Vietnam et la France. Avec Hiên, nous étions devenus comme deux frères spirituels prêts à suivre la voie de Thérèse, qui était à la fois droite et suave. Thérèse m'annonça tout de même une triste nouvelle : elle savait que je n'allais jamais devenir prêtre…

Mais Thérèse m'avait tout de même assuré que j'entrerais en religion en tant que frère. C'est à Quảng-Uyên que j'ai découvert dans quelle congrégation je souhaitais entrer. C'est par hasard, un jour où j'étais chargé d'assurer la propreté d'une partie de la maison, que je suis tombé sur la revue « Notre-Dame du Perpétuel-Secours », publiée par les pères rédemptoristes.

En parcourant ces revues, je me suis rapidement mis à aimer cette congrégation, et j'ai ainsi décidé que je souhaitais être admis chez les rédemptoristes !

La fin de mon séjour à la cure de Quảng- Uyên fut assez mouvementée… Les relations avec le père Maillet se dégradaient de jour en jour. Mes camarades avaient trop peur de se confronter au père, et j'étais le seul à me plaindre de la nourriture et des maltraitances subies à cause de la mère supérieure. C'est ainsi que le père Maillet a commencé à me considérer comme un glouton, un orgueilleux, et un misérable…

Finalement, c'est le premier mardi de juin 1943 que le père Maillet me chassa de la cure comme un vulgaire criminel, simplement à cause d'une dispute au sujet du coiffeur… J'étais effondré, car à cause de ces mots du père Maillet, ma bonne réputation était perdue.

Rédemptoristes de Hanoi

Après avoir été chassé de la cure de Quảng-Uyên, je suis retourné à Hữu-Bằng, en transportant avec moi une lettre du père Maillet. Le père Maillet avait mis par écrit toutes ses accusations à mon égard, et il avait chargé l'abbé Nhã de me juger à Hữu-Bằng…

Sur le chemin de mon retour, j'ai eu le bonheur de croiser le père Dreyer Dufer à Na-Chàm. Ses paroles m'ont réconforté, et il m'a même offert en cadeau le sac qui me servait autrefois à aller camper… Nous nous sommes dit adieu ce jour-là, et je n'ai ensuite jamais revu ce père qui m'était si cher. Étonnamment, arrivé à Hữu-Bằng, l'abbé Nhã ne souhaita pas discuter avec moi de ma condamnation. Durant un mois, il a simplement enquêté de son côté, et il m'a observé dans la vie de tous les jours.

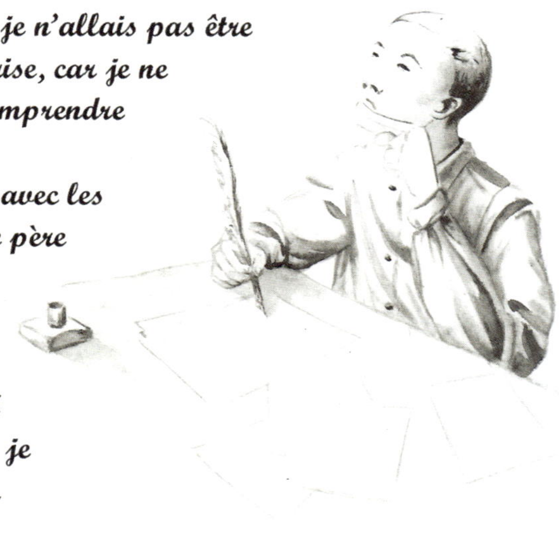

Au bout de quelques semaines, le curé me déclara innocent, et il décida que je n'allais pas être puni pour les actes dont le père Maillet m'accusait. Ce fut une bonne surprise, car je ne m'attendais vraiment pas à ce que les gens de Hữu-Bằng puissent ainsi comprendre la sincérité et l'honnêteté de mon attitude !

Une fois cette affaire classée, j'ai immédiatement pris contact par courrier avec les rédemptoristes d'Hanoi, pour essayer d'entrer en religion au monastère. Le père Boucher me répondit pour m'exposer les 2 choix qui s'offraient à moi.

Je pouvais soit entrer immédiatement au juvénat de Hué pour étudier et devenir prêtre, soit attendre mes 18 ans pour entrer en tant que frère coadjuteur. Le choix était complexe, car Thérèse m'avait annoncé que je ne deviendrais jamais prêtre, mais d'un autre côté, j'avais 15 ans et je ne souhaitais pas attendre 3 ans avant de pouvoir débuter la vie de frère…

Ce dilemme me tortura durant plusieurs mois. C'est en juin 1944 que mes souffrances ont cessé, lorsque j'ai reçu une lettre du père Létourneau qui m'autorisa à entrer en communauté chez les rédemptoristes en tant que frère ! L'abbé Nhã accepta mon départ, mais il refusa de m'aider à trouver le matériel nécessaire pour le monastère.
J'ai alors quitté la cure de Hữu-Bằng pour la toute dernière fois, et je suis retourné auprès de ma famille pour préparer mon entrée au monastère.

Mes parents furent très heureux d'apprendre mon admission chez les rédemptoristes. Toute la famille a accepté de faire des sacrifices pour que l'on puisse acheter le matériel dont j'avais besoin pour mon entrée au monastère. Lors de mon repas d'adieu, toute la famille s'est réunie joyeusement, en chassant toutes pensées sombres ou notes de tristesse.

Ma mère m'accompagna jusqu'à l'embarcadère, et nos adieux furent déchirants…
Ma mère avait la voix tremblante et emplie d'émotion, car elle était certaine de ne plus me revoir après cette séparation. Elle me souhaita tout de même bon voyage de bon cœur, et me conseilla de ne jamais abandonner cette unique chance qui m'était donnée d'entrer enfin en religion.

C'est le 16 juillet 1944, à l'âge de 16 ans, que je suis arrivé aux portes du monastère des rédemptoristes de Hanoi. Le père Maurice Létourneau et le père Pamphile Couture m'accueillirent pour discuter avec moi. Ils furent très surpris de ma petite taille… La vie de frère coadjuteur étant assez difficile, ils décidèrent en me voyant que je n'étais pas encore prêt, car trop faible et trop petit. Ils souhaitaient alors me renvoyer chez moi quelques années, pour que je me fortifie davantage.

Mais je savais que le monde extérieur ne ferait que me rendre plus faible, et qu'il serait incapable de me faire grandir d'un pouce. En voyant ma persévérance, les pères décidèrent tout de même de m'accepter au monastère. J'étais très heureux, jusqu'au moment où j'ai compris qu'ils m'avaient accepté en tant qu'aide jardinier…

Vieux serviteur Ấu

En attendant de pouvoir entrer en religion, j'ai donc accepté de travailler durant plusieurs mois pour le frère Philippe, le jardinier du monastère. Cette vie était loin d'être facile… Je travaillais toute la journée, et le soir je logeais dans le grenier à riz, avec le vieux serviteur Ấu. Les nuits étaient mouvementées, à cause des rats et des moustiques qui habitaient aussi les lieux ! Avec le serviteur Ấu, nous partagions nos repas dans une même gamelle, qui comportait les restes des plats des pères et frères du monastère.

Nous n'avions parfois qu'une seule cuillère pour deux… J'étais très amusé en me souvenant que certains pensaient à l'époque que je voulais entrer chez les rédemptoristes simplement pour bien manger à la française !

J'ai pu surmonter assez facilement ces difficultés matérielles, mais le plus difficile était de vivre dans cette communauté sans ressentir ni charité, affection, ou douceur. Le frère jardinier était très dur et arrogant avec moi, et certains autres frères avaient constamment un comportement antipathique envers moi… Seul le père Létourneau était amical et venait prendre de mes nouvelles de temps en temps.

C'est un jour d'octobre, quelques mois plus tard, que j'ai décidé de m'exprimer sincèrement auprès du père recteur, pour lui demander de m'accepter en temps que frère au monastère. J'avais aussi profité de ce jour spécial pour lui souhaiter mes vœux de bonheur pour son anniversaire. Le père Pamphile Couture fut si ému par mon discours, qu'il accepta de m'accueillir dans la communauté le soir même ! J'étais fou de joie, et tous furent vraiment surpris de mon admission si prématurée.

Ce jour-là, je fus très bien accueilli dans la congrégation par les pères et les frères du monastère. À peine entré dans ma chambre, j'ai tout de suite ressenti un sentiment de réconfort, d'intimité, et de charité. Cette nuit-là, j'ai dormi profondément du sommeil des bienheureux…

Les rédemptoristes

Les fils de Saint Alphonse de Liguori étaient venus du Québec au Vietnam en 1925 et avaient fondé le monastère de Hanoi en 1928. Leur institut, la Congrégation du Très Saint Rédempteur, avait vu le jour au XVIIIe siècle, dans les campagnes déshéritées du royaume de Naples.

Ce que Van ne pouvait pas encore savoir, c'est le lien qui unissait la congrégation du très saint rédempteur et le carmel. Alphonse de Liguori avait découvert Thérèse d'Avila au séminaire et, depuis, la Madre ne l'avait jamais quitté. Il composa une neuvaine de prières qui lui était adressée et une pratique abrégée de la perfection tirée de ses maximes. Il a enfin donné Thérèse d'Avila comme l'une de ses patronnes à la congrégation.

Mes débuts dans la communauté furent très agréables. Mes confrères me portaient une attention particulière, et j'étais impressionné par leur profonde piété et leurs différentes vertus. Ils étaient présents tous les jours pour me soutenir et me guider, par leurs paroles ainsi que par leurs actes.

Mais peu à peu, des difficultés sont apparues, et se sont prolongées jusqu'au jour de ma profession. Mon poste d'aide cuisinier était très éprouvant, et malgré tous mes efforts, mon travail était souvent critiqué. J'étais aussi le seul postulant à être traité comme un enfant sans raison, et incapable de comprendre quoi que ce soit. Il était évident que certains confrères étaient contre mon admission au monastère…

Indépendance du Vietnam

Lorsque Van est accueilli comme petit serviteur du monastère de Hanoi, au mois d'août 1944, le pavillon tricolore flotte encore sur les bâtiments publics de la ville. Le 9 mars 1945, les troupes japonaises mettent brutalement fin à la souveraineté française. L'armée coloniale rend les armes, l'appareil administratif et technique est démantelé, les ressortissants français vivent des mois cruels dans l'angoisse des représailles.

Les Vietnamiens se rallient alors au Vietnam indépendant, et le Japon, après sa défaite le 15 août 1945, préfère remettre ses armes au Vietminh qui s'est progressivement infiltré sur tout le territoire.

L'histoire bascule le 20 août 1945. Alors que Van est en retraite d'entrée au noviciat, les forces du Vietminh s'emparent du pouvoir à Hanoi, Hué, et Saigon. Le 25 août, l'empereur abdique, et remet au Vietminh le sceau de l'état, qui représente la légitimité historique qu'il détient en tant qu'héritier de la grande dynastie des Nguyen. Le 2 septembre 1945, jour de la capitulation officielle du Japon, le futur Ho-Chi-Minh (qui a déjà formé un gouvernement de la république du Vietnam avec une large majorité de ministres communistes) proclame « l'indépendance et l'unité du Vietnam ».

Peu de temps après mon entrée en communauté, mon nom de Van a été changé pour celui de frère Marcel. Ce jour-là, j'ai même demandé au père recteur s'il était possible de m'appeler « Marcel de L'Enfant-Jésus », en honneur à Sainte Thérèse. Le père a trouvé ma demande amusante et sincère, mais il a hélas refusé d'ajouter ce déterminatif.

C'est en août 1945 que j'ai effectué mes 15 jours de retraite préparatoire à la prise d'habit, et en septembre a débuté mon noviciat. Un an plus tard, en septembre 1946, je fus admis pour mes vœux temporaires. J'avais alors 18 ans, et j'étais vraiment heureux que ma profession soit tombée le 8 septembre, car c'était exactement le même jour que celle de Sainte-Thérèse !

Durant les temps difficiles au monastère, c'est le père Boucher qui m'a aidé à garder confiance. Il est devenu pour moi un guide spirituel, et il m'a beaucoup conseillé et écouté durant mes années chez les rédemptoristes. C'est le père Boucher qui m'a demandé de rédiger mon autobiographie, et c'est au monastère d'Hanoi que j'ai commencé ce long travail d'écriture.

Au monastère, après le travail en cuisine, j'ai occupé le poste de premier tailleur qui était un travail assez complexe et fatiguant. De plus, certains confrères étaient jaloux et me méprisaient, car ils considéraient cette tâche comme étant plus honorable. J'ai ensuite été nommé sacristain, et ce poste était moins contraignant et plus agréable. Le père recteur est alors devenu plus sévère envers moi, ce qui a atténué la jalousie de mes confrères.

Du côté de ma famille, la situation ne faisait que s'aggraver à cause de mon père. Je lui avais écrit plusieurs lettres pour essayer de le faire réagir, mais rien n'a changé. Le père Boucher m'a alors aidé à organiser le voyage de ma famille, pour qu'ils viennent tous habiter à Hanoi, en laissant mon père seul à la maison.

À ma grande surprise, ce temps que mon père a passé isolé lui a été bénéfique. Il a alors accepté de venir à Hanoi pour une retraite de 3 jours. Après quelques jours de méditation, il a reconnu ses torts et a pris la ferme résolution de se corriger. J'ai été très touché par cette initiative.

Quelques jours plus tard, toute la famille est retournée vivre à Ngăm-Giáo, et la situation matérielle de la famille devint progressivement plus confortable.

Voyage à Saigon

Après avoir passé 6 ans chez les rédemptoristes de Hanoi, j'ai dû quitter le Nord du Vietnam pour rejoindre le Sud. C'est le père Louis Roy, devenu recteur, qui m'annonça la nouvelle. Il m'expliqua que les supérieurs souhaitaient m'envoyer dans cette maison de Saigon où il y avait peu de travail, pour me permettre de me reposer.
Je me sentais triste et incapable de retenir mes larmes à la pensée de quitter ce doux nid qui renfermait pour moi de si chers souvenirs, et que je ne pouvais me résigner à abandonner. C'est le 7 février 1950, à 22 ans, que j'ai pris le vol d'Air-France à Hanoi pour rejoindre Saigon.

Mes supérieurs n'ont pas réalisé à quel point ce sacrifice était immense pour moi, et seul le père Boucher a compris que ma tristesse était au-delà de tout ce que l'on pouvait imaginer...

Correspondance

Plus de 300 lettres de Van ont été conservées et sont aujourd'hui toutes éditées. Dans une note, le père Boucher explique de quelle manière un tel ensemble a pu nous parvenir. Comme il était de rigueur dans les noviciats, le père maître devait lire le courrier expédié et reçu. Aussitôt qu'il a pris connaissance des premières lettres de Van, le père Boucher a été impressionné par leur qualité spirituelle et s'est senti « fortement poussé » à ne pas laisser perdre leur richesse. Il les transcrivait à la main, « rapidement et intégralement ».

Van déclare au père Boucher : « Quand je vous ai remis mes lettres, je ne m'en occupe plus, faites-en ce que vous voulez ». Le père Boucher a traduit toutes les lettres comme les autres écrits de Van après son retour au Canada, en 1964. Le principal destinataire de ces lettres est le père Boucher, auquel Van écrit plusieurs fois par mois depuis Saigon, de février 1950 à février 1952, et qui à lui seul reçoit au total 88 lettres de Van.

Arrivé à Saigon, situé à plus de 1000 km au sud de la région où j'ai toujours vécu, j'ai été immédiatement perturbé par le climat... Sur place, la chaleur était étouffante, et je ne m'y suis jamais habitué.

J'étais assez inquiet à l'idée de rencontrer le père supérieur de Saigon, car il avait la réputation d'être sévère... Mais à ma grande surprise, il m'a accueilli ce jour-là joyeusement et chaleureusement.

Une fois au monastère, j'ai vite compris que les pères souffraient du manque de personnel pour remplir les différentes charges de la vie quotidienne. La taillerie était vraiment en désordre.

Il y avait du tissu en abondance, mais personne pour coudre. Les pères avaient leurs habits déchirés ou trop étroits, et il n'y avait pas assez de tabliers pour les besognes de chacun. C'est ainsi que j'ai dû me mettre au travail pour essayer de réorganiser la taillerie de la maison.

Après plusieurs mois de travail au monastère, j'ai finalement réussi à réorganiser la taillerie selon les règles. Ce ne fut pas une tâche évidente, car beaucoup de confrères étaient attachés aux vieilles coutumes, et ils critiquaient souvent mon travail.

Mes années passées à Saigon n'ont pas été faciles, et les épreuves se sont accumulées. En plus de ma tristesse éprouvée depuis mon départ d'Hanoi, s'est ajoutée une charge de travail importante, et des relations difficiles avec mes confrères mécontents… Et pour ne pas arranger les choses, j'éprouvais souvent des douleurs au cœur et mon état de santé se dégradait.

Colloques

Au total, le texte publié aujourd'hui sous le titre de « colloques » couvre 772 feuillets, où Van rédige ses échanges avec Jésus et Thérèse. Van écrivait recto verso, à l'encre et parfois au crayon, sur des feuillets de mauvaise qualité, les seuls disponibles en temps de guerre. Il remettait chaque semaine le résultat au père Boucher.

Le père Boucher a très soigneusement transcrit le texte des colloques dans des cahiers pour le conserver plus facilement et l'a traduit intégralement après son retour au Canada en 1964. Il confia l'original au Provincial des rédemptoristes du Vietnam en 1969. En 1997, tous les feuillets écrits de la main de Van ont été retrouvés à Saigon et réexpédiés à l'association « Les Amis de Van », à Versailles.

C'est aussi lors de mon séjour à Saigon que j'ai reçu une nouvelle de ma sœur Lê qui m'a surprise ... J'ai alors appris qu'elle s'était mariée à un jeune homme du village. Cette joyeuse nouvelle m'a tout de même troublé, car j'avais toujours prié pour que Lê entre un jour en religion.

Mariage de Lê à Ngăm-Giáo

Au monastère, je faisais des efforts pour cacher mes difficultés et mes souffrances à mes confrères. Je n'ai jamais compris pourquoi, mais le père supérieur était devenu de plus en plus sévère avec moi, et il me soupçonnait même d'être un impoli et un orgueilleux...

À Saigon, j'ai parfois senti mon cœur privé de lumière ou plongé dans une nuit profonde...
Mais grâce aux paroles de Jésus, j'ai progressivement recouvré la paix de l'âme, et cette paix ne m'a pas quitté jusqu'à ce jour. Aujourd'hui, bien que mon pèlerinage terrestre ne soit pas encore terminé, quelles que soient les circonstances, mon âme se sent heureuse et en paix.

Monastère de Đa-Lạt

Après 2 ans passés au monastère de Saigon, mes supérieurs m'ont envoyé à Đa-Lạt dans la nouvelle maison de formation. Cette maison se situait à 300 km au nord-est de Saigon, et le climat y était beaucoup plus agréable. Grâce à la beauté du paysage et à la fraîcheur de l'air, j'ai eu l'occasion de reprendre des forces assez rapidement.

Je suis arrivé à Đa-Lạt en février 1952, et j'ai eu le grand plaisir de retrouver sur place le père Boucher, qui m'a fait l'honneur de m'accompagner durant mon second noviciat. C'est le 8 septembre de cette année-là que j'ai eu la joie de prononcer mes vœux perpétuels. J'étais alors âgé de 24 ans.

J'étais heureux dans la maison de Đa-Lạt, mais j'ai tout de même demandé à mes supérieurs l'autorisation de retourner à Hanoi. Je souhaitais retrouver le nord, ma région natale, et ainsi aider mes confrères du monastère d'Hanoi qui menaient une vie difficile à cause des conflits qui régnaient dans le pays. Mais j'ai été désolé d'apprendre que les autorités de la congrégation avaient refusé mon transfert...

Guerre froide

La fin du grand conflit mondial en 1945 n'apporte pas la paix au Vietnam. Une formidable révolution anti-coloniale incendie l'Asie, mêlant guerres d'indépendance nationale et guerres d'inspiration communiste. La 4e république française décide de reconquérir les territoires perdus et de leur offrir des statuts nouveaux, mais fin décembre 1946, Hô Chi Minh appelle à la guerre générale.

De surcroît, dès 1947 commence la guerre froide. Dans ce nouveau monde bipolaire, « le Vietnam-Indochine » devient un champ de bataille privilégié pour l'URSS et les Etats-Unis qui cherchent chacun à étendre leur influence, ou à contenir l'adversaire. La Chine entre dans l'orbite soviétique avec la victoire de Mao en 1949, et elle aide facilement le Vietminh. Les États-Unis, craignant une victoire similaire dans la péninsule indochinoise, apportent leur aide aux Français appelés ainsi à être la pointe avancée du « monde libre » en extrême orient.

Van, chez les rédemptoristes à Hanoi, puis à Saigon et Đa-lạt, regarde tous ces événements dans le cœur de son Bien-aimé Jésus, tout en souffrant de la détresse de son pays. La correspondance et les notes de Van se font l'écho de la terreur des habitants, en particulier des catholiques, devant l'éventualité d'une invasion chinoise, à la fin de l'année 1949. Au monastère de Hanoi, tous les rédemptoristes s'investissent dans une campagne de contre-propagande, pour lutter contre le communisme qui envahit le pays.

Première guerre du Vietnam

La première guerre d'Indochine s'achève pour la France en mai 1954, sur la défaite de Diên Biên Phu, et en juillet sur les accords internationaux de Genève :
- Les troupes françaises doivent évacuer le territoire
- Le Vietnam est séparé en deux zones : un Vietnam Nord aux mains du Vietminh et un Vietnam Sud indépendant soutenu par les États-Unis (qui veulent faire de cette zone un rempart contre le flux communiste venant du nord).
- La population du Nord-Vietnam est libre pendant quelques semaines de rester sur place ou de choisir le Sud-vietnam.

Alors que j'étais parti vivre au sud du Vietnam durant plusieurs années, la situation matérielle de ma famille était devenue plus confortable au nord. Ma sœur avait eu une petite fille et la maison avait été agrandie. Mais la victoire communiste vint détruire brutalement ce que la patience et la prière avaient mis des années à reconstruire…

Environ 700 000 catholiques vietnamiens émigrent du nord vers le sud, parmi lesquels la famille de Van et tout le village de Ngăm-Giáo. Le Nord se vide de sa population catholique. Tous les évêques, sauf ceux de Phat Diem et Bui Chu, quelques 300 prêtres et 400 000 fidèles restent sur place. Seuls quelques religieux doivent être laissés au couvent des rédemptoristes de Hanoi pour prendre soin des chrétiens groupés dans la paroisse après l'évacuation. Van, quant à lui, se porte volontaire et choisit de repartir pour le Vietnam du Nord, son pays natal auquel il est profondément attaché.

Les tristes nouvelles se sont alors enchaînées… Liệt, mon frère aîné, était mort comme un saint le 31 mai 1954. Deux mois plus tard, les catholiques de Ngăm- Giáo abandonnent pour toujours le village de leurs ancêtres. Ils sont sortis en procession, curé en tête, et chantant leurs plus beaux cantiques, laissant ouvertes derrière eux portes et armoires. De nombreuses familles, y compris la mienne, ont tout quitté pour fuir le communisme et se réfugier au sud.

Au début du mois de septembre, j'ai pu enfin revoir ma famille à Saigon, et les retrouvailles furent émouvantes. Les miens avaient tout perdu, mais ils étaient vraiment heureux de me revoir après tant d'années de séparation. Hélas, la joie de ma famille fut de courte durée...

Car au mois de septembre 1954, j'avais reçu l'autorisation de repartir pour le nord et ainsi rejoindre mes confrères du « peloton des braves » au monastère d'Hanoi. Dans la capitale, seule une poignée de rédemptoristes était restée au monastère pour soutenir les fidèles qui vivaient toujours au nord.

Les membres de ma famille étaient vraiment surpris de ma décision, mais ils ont tout de même accepté mon choix. Ils s'inquiétaient beaucoup pour ma sécurité, et je leur ai expliqué que j'étais conscient des épreuves qui m'attendaient. Cependant, je souhaitais vraiment retourner au nord, pour qu'au milieu des communistes il y ait au moins une personne qui aime le bon Dieu.

Vol vers Hanoi

C'est le 14 septembre 1954, à 26 ans, que j'ai pris le dernier avion qui partait pour le nord du Vietnam. Alors que je retournais à Hanoi, sous le régime de l'oncle Hô, je ne savais de quelle manière ce dernier allait me traiter…
Mais il ne pouvait m'arriver autre chose que de vivre et de mourir.

En avion, je n'ai jamais été à l'aise… Tout d'abord, le vrombissement des quatre moteurs avait une répercussion même sur mon cœur. Parfois, mon cœur battait si rapidement que j'avais de la peine à respirer, et parfois les battements étaient si faibles que j'avais l'impression de perdre le souffle. De plus, l'avion ne cessait de monter et descendre, causant ainsi des variations de températures allant du chaud au froid intense. Je me demandais toujours si j'allais pouvoir survivre jusqu'à l'atterrissage…

En descendant de l'avion, j'ai jeté un regard attentif sur l'aéroport, et j'ai réalisé que, malgré les activités habituelles, il y régnait un silence d'agonie.

Les gens y circulaient en grand nombre, mais très discrètement. Presque tous étaient des passagers arrivant de leur village par camion militaire, pour être évacués en avion pour le sud.
Tous les passagers semblaient tristes, et le spectacle était désolant… Les avions géants se posaient au sol, et une fois remplis, reprenaient aussitôt leur vol. On n'entendait plus au loin le bruit des canons ni des bombes.

Autobiographie

Père Boucher : « Dès ma première rencontre avec ce garçon, j'ai été frappé par le récit qu'il me faisait des circonstances de son enfance et de son adolescence, non pas tant à cause du pittoresque des événements que de l'existence d'une vie intérieure assez peu coutumière. »

C'est le père Boucher qui demanda à Van de retracer son histoire par écrit. Van s'appliqua à ce travail dans l'obéissance et il lui en coûta beaucoup : sept années durant, de 1945 à 1952, il sacrifia une bonne partie de son temps libre à la rédaction de son autobiographie, qu'il a réécrite quatre fois !

La première version comprenait 348 pages de cahiers d'écolier, rédigées durant le noviciat. La deuxième tentative faisait 875 pages, rédigées à Hanoi et Saigon de 1947 à 1951. La troisième version de 546 pages avait été écrite durant les années 1951 et 1952. La dernière version, définitive et publiée, fut entreprise à Đalat en 1952, et elle s'étend sur 882 pages. Van aura donc au final couvert plus de 2600 pages de cahier de son écriture menue et compacte.

Le père Boucher revint définitivement au Canada en 1967. Il se mit alors à la traduction française des écrits de Van et travailla dans l'obscurité plus de vingt ans pour rendre accessible au plus grand nombre le message de Van.

Une fois arrivé au cœur d'Hanoi, la désolation de la capitale m'a vraiment surpris. Les rues étaient désertes, car presque tous les gens étaient partis. La plupart des magasins étaient abandonnés, sauf ceux de quelques propriétaires de boutiques inquiets qui ne savaient pas trop s'ils devaient ouvrir ou fermer leurs portes...

Les tireurs de pousse-pousse étaient presque tous au chômage. Seuls des réfugiés de villages venaient nombreux à Hanoi pour y passer seulement quelques jours, en attendant d'être évacués vers le sud. De nombreuses habitations étaient entièrement désertées, et les pillards en profitaient pour les visiter jour et nuit.

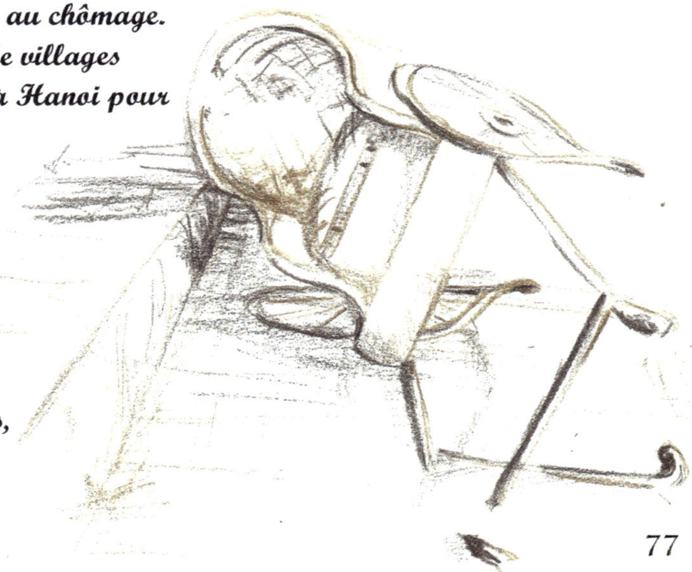

Hanoi était à l'agonie, et je n'exagère pas en disant que plusieurs quartiers semblaient être tout à fait morts… Il ne restait dans les magasins que des étagères malpropres couvertes de mouches. Toutes les communautés religieuses avaient quitté la ville, et il ne restait qu'un seul prêtre dans chaque paroisse. Mais pour combien de temps ?

Les deux tiers des pères et frères rédemptoristes étaient déjà partis. Et ce nombre allait encore se réduire dans les 15 jours suivants. Nous n'étions au final plus que deux pères et deux frères dans le monastère. La situation était triste à en verser des larmes.

Durant mes premiers jours à Hanoi, j'ai été absorbé par le travail et je n'ai eu que très peu de temps libre. La situation s'est rapidement compliquée car nous avons aussi commencé à accueillir de nombreux réfugiés au sein du monastère. Je veillais avec soin aux choses qui étaient sous ma responsabilité, des poules jusqu'à la réserve de bois, et tout était parfaitement protégé. Le travail se poursuivait sans incident grave, mais les Vietminh avaient toujours des comportements opposés aux catholiques, car notre doctrine était contraire à leur idéologie communiste.

Hanoi communiste

Les premiers mois après l'armistice sont placés sous la surveillance d'une commission canadienne de contrôle de l'application des accords internationaux. Les troupes françaises ne quitteront Haiphong, le grand port le plus proche, qu'au mois de mai. Les échanges de courrier en sont facilités. Le nouveau gouvernement n'a pas vraiment les coudées franches. Les tracasseries ne manquent pourtant pas.

Les communistes s'emploient à réunir des chrétiens ralliés au nouveau régime pour noyauter la vie des communautés. Des indicateurs surveillent de près les religieux. On fait pression sur eux pour que le gouvernement « emprunte » leur maison. Dans cette perspective, on s'oppose par tous les moyens à la vente du mobilier devenu inutile dans ces vastes bâtiments vidés d'une grande partie de leurs occupants.

La pression est continue. Il arrive que tel frère, excédé, en vienne aux mains et risque de se faire arrêter. Une vague de procès est organisée contre les propriétaires fonciers, « oppresseurs » du peuple.

Les Vietminh étaient très actifs, et leur politique avait vite fait de dégoûter la population. Tous les jours, les Vietminh mettaient en œuvre de nouveaux moyens pour essayer de faire perdre la foi aux prêtres et aux religieux.

Rapidement à Hanoi, la plus grande partie de la population avait compris le vrai visage du communisme, et ils n'éprouvaient alors que de l'horreur pour les Vietminh. Mais il était trop tard pour fuir vers le sud, car maintenant la terreur et la peur régnaient en ville.

Pour me rendre au marché, je devais même revêtir des habits des gens du monde, pour espérer pouvoir rapporter au monastère les aliments que j'avais achetés…

Mais un jour de mai 1955, la situation a mal tourné pour moi. Ce jour-là, j'étais simplement parti en ville pour récupérer une de nos mobylettes qui était en réparation.

Sur le chemin du retour, j'ai croisé des personnes qui discutaient de la situation du sud du Vietnam. Certains essayaient de faire croire que la vie au sud était misérable… J'ai alors pris la parole pour expliquer à ces gens que le sud n'était pas ce qu'ils imaginaient.

Hélas, mes commentaires n'ont pas été acceptés par tout le monde, et j'ai alors été arrêté par la police et emmené au commissariat. J'aurais pu être relâché très rapidement, mais je refusais de mentir sur la situation au sud, ou sur quoi que ce soit d'autre… La police a donc décidé de ne pas me libérer.

Prison communiste

Durant ces longs mois d'emprisonnement, j'ai dû lutter de toutes mes forces et endurer tous les supplices du lavage de cerveau... L'ennemi a employé bien des ruses pour me forcer à avouer des crimes que je n'avais pas commis. J'étais pourtant conscient que si j'acceptais leurs accusations, je serais alors libéré plus rapidement. Mais je n'ai jamais voulu admettre des fautes que je n'avais pas commises.

Après avoir été enfermé cinq mois dans une cellule obscure, il m'a été donné de sortir dans le camp extérieur mieux aéré. D'autres prêtres étaient détenus avec moi, mais ils ont rapidement été dispersés dans d'autres régions.

Deuxième guerre du Vietnam

En 1954, la paix revenue, Hanoi avait aligné le pays sur les modèles marxistes-léninistes déjà appliqués en URSS et en Chine, comme le développement prioritaire de l'industrie lourde et la réforme de la société en application de la lutte des classes. Des tribunaux populaires ont été mis en place, avec condamnation aux camps de travail ou à mort, pour les opposants notoires. Les principales personnes visées par ces tribunaux étaient les grands propriétaires, les esprits occidentalisés, et les fidèles à l'Église catholique liée à Rome.

Mais bientôt, même la république du Sud Vietnam doit faire face à des oppositions et au Viêt-Cong, organisation de type Vietminh à direction communiste. Assassinats et coups d'état se succèdent, et c'est en 1964 que les États-Unis décident d'engager une guerre d'intervention directe. La deuxième guerre du Vietnam se termine presque dix ans plus tard, en 1973, sur les accords de Paris, et les troupes américaines doivent à leur tour évacuer le territoire. Les États-Unis continuent d'aider et de conseiller l'armée sud-vietnamienne, mais ils n'arrivent pas à empêcher la victoire complète du communisme en 1975 avec la prise de Saigon. La réunification communiste du Vietnam est achevée en 1976.

En juillet 1956, j'ai été transféré du camp de Gò-Mà à celui de Mỏ-Chèn. Ce changement m'a fait beaucoup de bien, car arrivé à Mỏ-Chèn, j'ai pu rencontrer beaucoup de prisonniers catholiques et ainsi vivre avec eux.

Presque tous les catholiques détenus dans le camp demeurèrent fermes dans la foi. Mais tous étaient très pauvres, et dépouillés de tous leurs biens. Dès que je recevais de l'argent ou de la nourriture de mes confrères d'Hanoi, je les distribuais autour de moi pour venir en aide aux autres prisonniers, de sorte que j'étais rapidement moi aussi à bout de ressources.

Depuis le jour où j'étais arrivé dans le camp de Mỏ-Chen, j'étais très occupé, comme pouvait l'être un petit curé de paroisse. En dehors des heures de travail obligatoire, je devais continuellement accueillir les gens qui venaient les uns après les autres chercher du réconfort auprès de moi. Même s'ils se rendaient bien compte que je n'étais pas très fort, ils me considéraient tout de même comme quelqu'un qui ne connaissait pas la fatigue.
J'étais aussi très heureux que durant ces mois de détention, ma vie spirituelle n'ait subi aucun préjudice.

Il est arrivé un moment où nous manquions de l'Eucharistie en prison. J'ai alors décidé de sortir du camp pour aller chercher ce qui nous était nécessaire dans une paroisse voisine. Avec mes codétenus, nous avons réussi à confectionner un habit de femme, qui m'a permis de me faufiler entre les gardes et de m'évader du camp !

J'ai hélas été rattrapé quelques heures plus tard par les gardes, avant de pouvoir atteindre la paroisse.
Je me suis rendu paisiblement et sans résistance, mais ces soldats m'ont tout de même violemment battu sur le chemin du retour. Arrivé au camp, je fus jeté dans un cachot, et ma sentence était d'y rester dans l'isolement pour plusieurs mois…

Le Vietnam actuel

Pendant dix ans, la république socialiste du Vietnam (RSVN) a suivi la voie socialiste radicale de l'économie étatiste. Ce fut un échec, d'où en 1986, un retournement stratégique à la recherche de nouvelles réformes pour un temps de paix. En 1995, nouvelle date fondatrice, la RSVN est admise comme septième membre de l'Association des Nations de l'Asie du Sud-Est (ASEAN).

Les relations France-Vietnam ont repris, et l'Église catholique est maintenant entièrement vietnamienne. Au début du troisième millénaire, le Vietnam a tous les atouts pour devenir un grand pays de l'aire Asie-Pacifique.

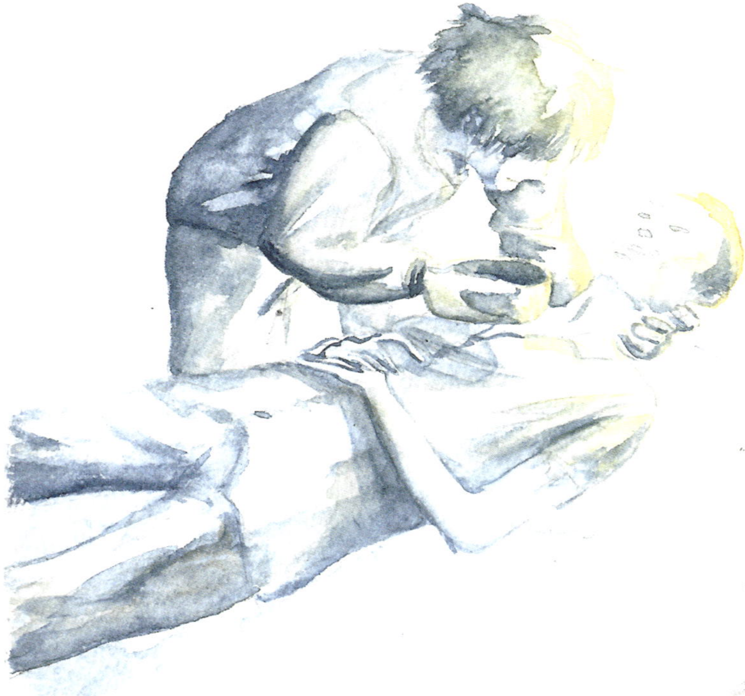

Van a passé 18 mois enfermé dans le cachot du camp, et il en est ressorti gravement atteint par la tuberculose et le béribéri... À la suite de ces événements tragiques, Van n'avait plus que la peau sur les os, et il ne pouvait ni manger ni dormir.

Les compagnons de Van étaient tous émus par son sort, mais malgré leur aide et leurs soins, Van est décédé le 10 juillet 1959 vers midi, à l'âge de 31 ans. Le corps de Van fut enveloppé d'une natte, et quelques prisonniers furent autorisés à le porter pour aller le déposer en terre.

Finalement, Van était le seul à pouvoir aider et soulager les autres prisonniers du camp à travers la foi et la joie. Personne n'a jamais pu enlever à Van son amour et son sourire pour Jésus.

Aujourd'hui, personne ne sait où Van a été enterré, et sa tombe n'a jamais été retrouvée. Mais plusieurs voyageurs ayant visité la région où se trouvait ce camp, ont affirmé avoir aperçu un arbre d'une rare beauté et d'une espèce qu'ils n'avaient jamais vu ailleurs...

Aujourd'hui, dans ma paisible cellule, je me souviens des mots du père Dreyer Dufer dans les jardins du séminaire de Lạng-Sơn. À l'époque, je n'avais pas bien compris le sens de ces phrases : « Cette goutte de rosée, c'est comme les larmes de la petite fleur… et la petite fleur, c'est toi Van. »

Apres tant d'années de mystère, j'ai enfin découvert la signification de ses paroles. Dieu m'a fait à l'image d'une fleur, en passant de longues années à désherber et arroser, au moyen de beaucoup de souffrances et de larmes. Mon âme a souvent été privée de joie, comme une plante à la saison des gelées blanches, qui est sans feuilles ni fleurs. Mais je sais que le temps viendra, où cette petite plante offrira au monde des fleurs et des pétales d'une rare beauté…

Je sens que ma dernière heure approche, et ce que je souhaite le plus une fois que j'aurais quitté ce monde, est de laisser mon amour à toutes les âmes sur terre. Avec ce petit amour, j'espère pouvoir rassasier toutes les âmes qui veulent se faire petites et qui désirent vivre dans la paix.

Les Amis de Van

L'association Les Amis de Van (loi de 1901) est reconnue comme « association privée de fidèles ». Par sa vocation internationale, elle participe à la communion entre les Églises et à l'édification de l'Église universelle.

Ses principales activités :

– Le parrainage de séminaristes au Vietnam.

– La publication de l'histoire et des Écrits de Van dans plusieurs langues.

– La préparation du dossier de béatification de Van. La cause de béatification de Van a été introduite le 26 mars 1997, dans le diocèse de Belley-Ars, comme Confesseur de la foi.

Si vous avez un témoignage à donner, si vous avez reçu une grâce par l'intercession de Van, si vous avez des renseignements sur sa vie, vous pouvez écrire à :

Les Amis de Van

15 rue de l'Orangerie
78000 Versailles – France
Tél : 33 (0)1 39 51 30 90
Fax : 33 (0)1 39 51 30 89
Courriel : cause@amisdevan.org
Site : http : // www.amisdevan.org